Bernhard Pollmann

Riesengebirge

mit Isergebirge

50 ausgewählte Wanderungen

BERGVERLAG ROTHER GMBH • MÜNCHEN

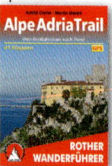

Vorwort

Das sagenumwobene Riesengebirge lockt mit einer fast unerschöpflichen Fülle hervorragender Wanderziele: Gipfel, Kammfluren und Almen mit phänomenaler Aussicht, gewaltige Felsszenerien, Kare, wasserfalldurchbrauste Schluchten, artenreiche Laubwälder, Wollgrasmoore und Seen sowie die fantastischen Felsenstädte in unmittelbarer Nachbarschaft des Gebirges.

Das Riesengebirge ist das höchste Massiv der Sudeten, die Schneekoppe (1602 m) der höchste Gipfel Schlesiens und Tschechiens. Nordwärts stürzt das Kammgebirge ins Hirschberger Tal in Niederschlesien ab, südwärts entströmt ihm in vergleichweise sanftem Gefälle die Elbe, deren größter Nebenfluss in Nordböhmen die Iser ist, die Namensgeberin des Isergebirges. Riesen- und Isergebirge bilden eine naturräumliche Einheit, die wegen ihrer Schönheit weitflächig unter Naturschutz steht. Flächenmäßig entfällt knapp ein Drittel von Riesen- und Isergebirge auf Polen, zwei Drittel liegen in Tschechien. Auf tschechischer wie auf polnischer Seite steht das Riesengebirge wegen seiner botanischen und geologischen Schätze in den Nationalparks »Krkonošský národní park« und »Karkonoski Park Narodowy« unter Schutz, an der Grenze gehen die Nationalparks auf dem Hauptkamm nahtlos ineinander über.

Ab dem ausgehenden 18. Jahrhundert avancierte das Riesengebirge zum meistbesuchten Mittelgebirge im damals deutschsprachigen Raum, das Hirschberger Tal an seinem Nordfuß wurde in ein »Elysium« aus Schlössern und Landschaftsparks umgewandelt. Heute zählt das Riesengebirge zu den meistbesuchten Wander- und Wintersportgebieten Schlesiens und Böhmens. Der Kammweg über die Schneekoppe ist eine Traumroute unter den Mittelgebirgs-Kammwegen in Europa: dass er nur knapp 40 km lang ist und dennoch »riesige« Landschaftserlebnisse in passagenweise hochalpiner Umgebung bietet, trägt ebenso wie die böhmische Küche in den Bauden wesentlich zur Beliebtheit bei.

Emden, im Sommer 2017   Bernhard Pollmann

Inhaltsverzeichnis

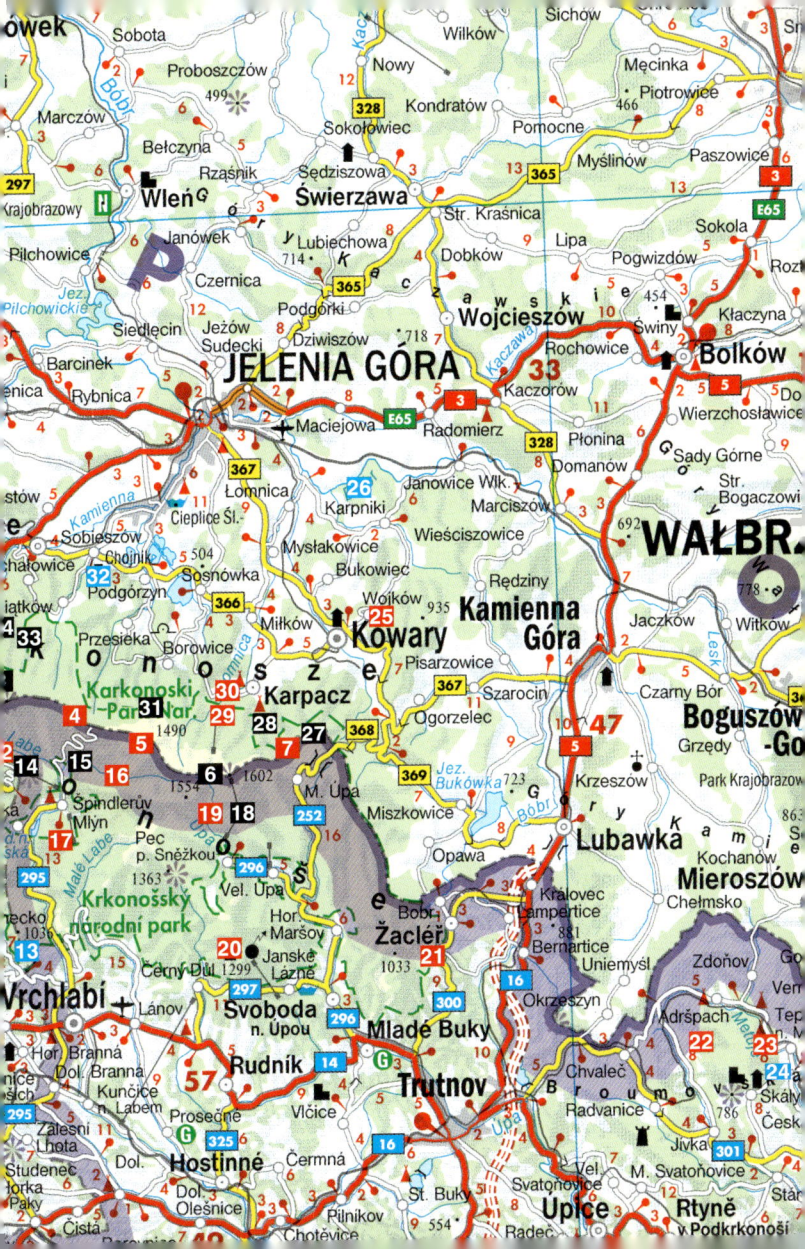

Wandern im Riesengebirge

Zum Gebrauch des Wanderführers

Den einzelnen Tourenvorschlägen sind eine Charakterisierung der Wanderung und die wichtigsten Informationen steckbriefartig vorangestellt (Talort, Ausgangspunkt und Erreichbarkeit mit öffentlichen Verkehrsmitteln, Höhenunterschied, Einkehrmöglichkeiten). Dann folgt die ausführliche Beschreibung des Wegverlaufes. Das farbige Wanderkärtchen im Maßstab 1:50.000 ist mit einer Routeneintragung versehen. Ein Höhenprofil zeigt die An- und Abstiege der jeweiligen Tour. Das Stichwortverzeichnis am Schluss des Führers erfasst alle Wanderziele, Orte, Ausgangspunkte und Etappenziele. Auf der Umschlag-Rückseite und auf den Seiten 6–7 informieren Übersichtskarten über die Lage der Wanderungen.

Anforderungen

Alle Wanderungen folgen deutlichen Wegen, Pfaden und Steigen. Da das Riesengebirge steil den Tälern entragt, fallen zum Teil erhebliche Anstiege an. Diese Anstiege, zu denen auf dem wiesenbedeckten Kamm eine ungehinderte Sonneneinstrahlung bzw. Windeinwirkung kommt, erfordern eine gute allgemeine Kondition. Um die Anforderungen der Wanderungen besser einschätzen zu können, wurden die Tourenvorschläge (Tourennummern) mit verschiedenen Farben markiert. Diese erklären sich wie folgt:

Leicht Diese Wanderwege sind gut markiert und an keiner Stelle ausgesetzt. Die Auf- und Abstiege liegen jeweils unter 500 Höhenmetern. Sie können bei entsprechender Witterung – kein Gewitter, kein Sturm, keine Schneelage – auch von Bergunerfahrenen in der Regel gefahrlos begangen werden, vorausgesetzt, es wird eine gute Wanderausrüstung einschließlich Wanderschuhe getragen: Auch die »leichten« Wege weisen im Riesengebirge steinige Abschnitte und Wurzelpfadpassagen auf und sind nicht als »Promenaden« einzustufen.

Symbole

	mit Bahn/Bus erreichbar
	Einkehrmöglichkeit unterwegs
	für Kinder geeignet
	Ort mit Einkehrmöglichkeit
	bewirtschaftete Hütte, Gasthaus
	Schutzhaus, Unterstand
	Seilbahn/Sessellift
	Fahrt mit Seilbahn/Sessellift
	Bushaltestelle
	Bahnhof
	Gipfel
	Pass, Sattel
	Kirche, Kapelle
	Picknickplatz/Burg, Schloss
	Aussichtsplatz/Aussichtsturm
	Quelle/Wasserfall

Die Top-Touren im Riesen- und Isergebirge

Horní Mísečky – Elbquelle

Diese Höhentour bietet fantastische Aussicht und führt über Bergwiesen, zu bizarren Felsen und Wasserfällen (Tour 12).

Szrenica und Vysoké Kolo

Die Panoramastrecke von der Szrenica (Reifträger) zum Quellgebiet der Elbe und zum Vysoké Kolo (Hohes Rad) bietet einen hervorragenden ersten Eindruck vom Kammweg (Tour 2).

Śnieżne Kotły

Der Steig durch das Doppelkar der Śnieżne Kotły (Schneegruben) führt durch eine der beeindruckendsten Felslandschaften des Riesengebirges (Tour 3 oder 34).

Auf die Śnieżka/Sněžka

Der imposanteste Talaufstieg zur Sněžka (Schneekoppe) führt durch den Riesengrund (Tour 18 plus Tour 6).

Mumlavský důl – Elbquelle

Nach Durchwandern des naturschönen Mumlavský důl (Mummelgrund) erwartet den Wanderer an der Elbquelle eine traumhafte Aussicht (Tour 8).

Auf den Smrk/Smrek

Am Weg zum aussichtsreichen zweithöchsten Berg des Isergebirges, dem Smrk (Tafelfichte), liegt eine Fülle von Felsmassiven (Tour 42).

Krásná Maři

Die Krásná Maři (Schöne Marie) ist das bekannteste Felsmassiv in dem faszinierenden Fels-, Wasserfall- und Schluchtengebiet über dem Wittigtal (Tour 44, auch Tour 45).

Adersbacher und Wekelsdorfer Felsenstadt

Die beiden Felsenstädte zählen zu den Naturwundern Europas (Tour 22).

Stržový vrch – Schluchtberg

Das Schluchtberg-Naturschutzgebiet Stržový vrch wartet mit teilweise urwaldartigem Buchenhochwald auf, ein großartiger Aussichtsplatz ist der Burgfelsen Skalní hrad (Tour 46).

Szklarska Poręba – Hoher Iserkamm

Bizarre Felsmonumente und wunderbare Ausblicke auf Iser- und Riesengebirge (Tour 39).

Mittel Diese Wanderwege sind wie die »leichten« Wege gut markiert, sind jedoch mit teils steilen Auf- und Abstiegen von jeweils bis zu 800 Höhenmetern verbunden und folgen passagenweise wurzelig-steinigen, schmalen Pfaden und Steigen, deren Begehung Wanderausrüstung sowie Wander- bzw. Bergerfahrung erfordert. Einige »mittelschwere« Wanderungen lassen sich mit dem Lift erheblich vereinfachen und sind dann oftmals auch für Kinder geeignet.

Schwierig Wer Wandererfahrung hat und kräftige Anstiege nicht scheut, wird alle Wanderwege als genussvoll einstufen. Im Riesengebirge sind auch alle »schweren« Wege gut markiert und ausgeschildert, ihre Schwierigkeit liegt in den wurzeligen und teils gerölligen Passagen, in kräftigen Anstiegen von mehr als 800 Höhenmetern und in einigen Stellen, die als ausgesetzt empfunden werden können. In diesem Sinne ist z. B. auch der kurze, kettengesicherte »Zickzackweg« auf die Schneekoppe als »schwierig« eingestuft.

GPS-Tracks

Zu diesem Wanderführer stehen auf der Internetseite des Bergverlag Rother (www.rother.de) GPS-Daten zum kostenlosen Download bereit – Benutzername: **gast** / Passwort: **wfRiese06zw1eg**
Sämtliche GPS-Daten wurden vom Autor anhand einer digitalen Karte erstellt. Verlag und Autor haben die Tracks und Wegpunkte nach bestem Wissen und Gewissen überprüft. Dennoch können wir Fehler oder Abweichungen nicht ausschließen, außerdem können sich die Gegebenheiten vor Ort zwischenzeitlich verändert haben. GPS-Daten sind zwar eine hervorragende Planungs- und Navigationshilfe, erfordern aber nach wie vor sorgfältige Vorbereitung, eigene Orientierungsfähigkeit sowie Sachverstand in der Beurteilung der jeweiligen (Gelände-)Situation. Man sollte sich für die Orientierung auch niemals ausschließlich auf GPS-Gerät und -Daten verlassen.

Blaugrün schimmerndes Wasser lädt am felsenumkesselten See am Rand der Adersbacher Felsenstadt zum Bad ein, offiziell ist das Baden untersagt.

Blick vom Gipfelbereich der Śnieźka/Sněžka (Schneekoppe) zur Bílá louka (Weiße Wiese) mit der Loučni bouda (Wiesenbaude) ganz links.

Gefahren

Die einzige objektive Gefahr droht bei Wanderungen im Riesengebirge im Sommerhalbjahr von Schneeresten und von Gewittern. Brechen Sie nicht zu einer Wanderung auf, wenn Gewitter gemeldet sind. Begehen Sie Felspfade nicht bei Vereisung oder Altschneelage. Bedenken Sie, dass sich in steilen Nordflanken Schnee bis in den Juni hinein halten kann. Respektieren Sie alle Gefahrenschilder. Alle anderen Gefahren sind subjektiver Natur, d. h. sie sind abhängig von der individuellen Wandererfahrung, Kondition, Schwindelanfälligkeit usw.

Gehzeiten

Die angegebenen Gehzeiten sind grobe Orientierungshilfen. Die Länge eines Weges ist abhängig vom individuellen Leistungsvermögen und -willen, vom Wetter, der Laune, der Gruppen- oder Partnerschaftsdynamik usw. Sind alle Parameter perfekt, ergibt sich folgende Faustregel: 4 Kilometer = 1 Stunde Gehzeit, 400 Höhenmeter im Anstieg = 1 Stunde Gehzeit. Zu dieser Grundformel sind Rast- und Fotopausen hinzuzurechnen, um ungefähr die tatsächliche Gehzeit zu kalkulieren.

Ausrüstung

In der schneefreien Jahreszeit umfasst die Ausrüstung feste Wanderschuhe, Rucksack, Sonnenschutz, Kälteschutz nach dem Zwiebelprinzip, Windschutz, Regenschutz, Mückenschutz, Wanderkarte, Getränke, Proviant und Handy (Vorwahl für Deutschland: 0049). Da es im Riesengebirge viele Fels- und Wurzelpfade gibt, sind generell »Stiefel« (Trekkingstiefel) mit griffigen Profilsohlen und die Knöchel umschließenden Schäften zu empfehlen – Voraussetzung für ermüdungsfreies Gehen, für Rutschfestigkeit im trockenen Fels, für Sicherheit in sumpfigem Gelände oder auf matschigen Wegen.

Beste Jahreszeit

Die Bauden haben in der Regel von Anfang Juni bis Ende September (sowie während der Skiwandersaison) geöffnet. Diese Zeit ist die beste Wanderzeit, allerdings kann im Juni in den Nordflanken noch Schnee liegen und im Juli/August sind Gewitter häufig. Die allerbeste Wanderzeit ist der »goldene September«, der sich bis weit in den Oktober und sogar in den November hineinziehen kann.

Klima

Atlantische Einwirkungen von Westen (feucht) und kontinentale Einwirkungen von Osten (trocken) bestimmen das Klima im Riesengebirge, aus der Übergangslage ergeben sich beträchtliche Schwankungen im Tages- und Jahresverlauf. Lang andauernde Sonnenzeiten sind ebenso häufig wie anhaltende sintflutartige Niederschläge. Die wettermäßig stabilste Zeit ist der »goldene September«. Stark ausgeprägt sind die Gegensätze zwischen Sommer und Winter bei nur kurzem Übergang. Bis Mai sind ausgedehnte Kälteeinbrüche mit anschließenden Hochsommertemperaturen nicht selten. Etwa 40 % der jährlichen Niederschlagsmenge gehen im Juli und August nieder, wobei in diesen Monaten ein hoher Anteil auf Gewitterniederschläge entfällt. Für den Riesengebirgshauptkamm liefert die Statistik folgende Durchschnittswerte:

Klimatabelle Schneekoppe													
Monat	1	2	3	4	5	6	7	8	9	10	11	12	**Jahr**
Temperatur °C	-7,0	-6,8	-5,0	-1,4	3,4	6,5	8,0	8,2	5,3	2,3	-2,8	-5,6	0,4
Niederschlag mm	87	91	87	104	123	141	138	132	85	76	103	96	1263

- An rund 300 Tagen umdampfen Wolken die Schneekoppe.
- An rund 200 Tagen im Jahr bleibt die Quecksilbersäule unter 0 °C.
- An rund 150 Tagen liegt das Temperaturminimum unter 0 °C.
- An rund 50 Tagen ist das Wetter »heiter«.
- Die mittlere Jahrestemperatur liegt bei 1 °C.
- 5–6 Monate schmückt den Hauptkamm eine Schneedecke.
- Heftige Wolkenbrüche sind häufig.
- Der Hauptkamm empfängt 1300–1500 mm Niederschlag jährlich.

Die Vosecká bouda (Wosseckerbaude, 1260 m) wurde im 17. Jh. in der Kranichswiese am Riesengebirgs-Hauptkamm als Almhütte errichtet und eröffnete 1896 als »Gastbaude«. Gelegen in unmittelbarer Nähe des Wander-Grenzübergangs am Tvarožník, ist sie auch auf Skiwanderungen ein viel besuchtes Ziel.

Einkehr und Übernachtung

In der Kurzinformation sind die tourenbezogenen Einkehr- und Übernachtungsmöglichkeiten genannt. Die Bezeichnung »Schutzhütte« in der Routenbeschreibung bezieht sich nicht auf Einkehr- und Übernachtungsmöglichkeiten, sondern auf »leere« Rasthütten, deren wandertouristische Infrastruktur aus einem Dach über dem Kopf und Tisch/en und Bänken besteht.

Die traditionelle Einkehr- und Unterkunftsmöglichkeit ist die Baude (tschechisch »bouda«, polnisch »schronisko«). Die Bauden gehen auf Berghütten (»Buden«) für Waldarbeiter, Hirten und Sennerinnen zurück, ab dem 19. Jahrhundert wurden sie zu touristischen Zwecken um- und ausgebaut. Die Bauden haben unterschiedliche Qualität, der Bogen spannt sich vom schlichten Schronisko mit Imbiss und Schlafsaal bis zum Vier-Sterne-Hotel. Da die Bauden-Konkurrenz am Riesengebirgs-Hauptkamm groß ist, herrscht ein kundenfreundlicher Preis- und Servicedruck. Missfällt eine Baude z. B. wegen Überbelegung, wandert man weiter: Die nächste Baude liegt meist keine

2 km weit. Bei der Riesengebirgs-Kammwanderung ist dabei zu empfehlen, auch vom Hauptwanderweg abzuweichen: Keine 10 Gehminuten vom Kamm enfernt finden sich einige gute Bauden.

Am Fuß des Riesengebirges finden sich einige schön gelegene Zeltplätze (teilweise mit Campinghütten), die einen guten Eindruck machen (keine Wohnwagen- und Campingmobilwüsten, sondern richtige »Zelt«-Plätze). In Polen heißen sie »Camping«, in Tschechien »Autokempink«. Im Riesengebirge selbst gibt es keine Zeltplätze. Zelten außerhalb der Zeltplätze ist verboten.

Wanderkarten

Gute Wanderkarten für Riesengebirge und Isergebirge sind vor Ort fast an jedem Kiosk erhältlich, meist auch mit deutscher Legende. Sehr empfehlenswert sind die SHOcart-Wanderkarten 1:50.000 »Krkonoše/Riesengebirge« und »Jizerské Hory/Isergebirge« (www.shocart.cz). Die digitalen Karten kranken an der nationalstaatlichen Fokussierung der Ausschnitte entweder auf Polen oder Tschechien.

Aufstiegshilfen

Die Bergstationen der Sessellifte Szklarska Poręba – Szrenica (1362 m) und Karpacz – Kopa (1375 m) auf polnischer Seite sowie Pec pod Sněžkou – Sněžka auf tschechischer Seite sind beliebte Einstiegspunkte für Tages- und Mehrtageswanderungen auf dem Riesengebirgs-Kammweg.

Dank der Bus- und Bahnverbindung zwischen Szklarska Poręba und Karpacz lassen sich die polnischen Lifte mit dem Kammwanderweg zu einer herrlichen zwei- bis dreitägigen Rundtour kombinieren.

Die wichtigste Busverbindung zum Hauptkamm auf tschechischer Seite ist die von Špindlerův Mlýn (Spindlermühle) zum Šleské sedlo (Spindlerpass). Mit dem Auto kann der Pass nur von Gästen der Spindlerbaude angefahren werden.

Wer sich oder Kindern einige der steilen Anstiege nicht zumuten möchte oder Probleme bei steilem Bergabgehen hat, kann die unten genannten Auf- bzw. Abstiegshilfen benutzen. Wer Lifte bei Talfahrten benutzen will, muss darauf eingestellt sein, dass die letzte Talfahrt oft schon um 16 Uhr erfolgt.

- Sessellift Szklarska Poręba (Schreiberhau) – Szrenica (Reifträger)
- Sessellift Karpacz (Krummhübel) – Kopa (Kleine Koppe)
- Sessellift Špindlerův Mlýn (Spindlermühle) – Medvědín (Bärhübel)
- Sessellift Špindlerův Mlýn (Spindlermühle) – Přední Planina (Planur)
- Sessellift Harrachov (Harrachsdorf) – Čertova hora (Teufelsberg)
- Seilbahn Pec (Petzer) – Sněžka (Schneekoppe)
- Bus Špindlerův Mlýn (Spindlermühle) – Šleské sedlo (Spindlerpass)
- Bus Horní Mísečky (Schüsselbauden) – Vrbatova bouda
- Seilbahn Janské Lázně (Johannisbad) – Černá hora (Schwarzenberg)
- Seilbahn Liberec (Reichenberg) – Ještěd (Jeschken)

Ausweispapiere

Wanderer können die Grenzen der Schengen-Staaten Polen und Tschechien am Kammweg (Riesengebirge) sowie am Smrk (deutsch Tafelfichte, Isergebirge) ohne Kontrollen überqueren. Der Ausweis muss mitgeführt werden.

Nationalparks

Der polnische und der tschechische Teil des Riesengebirges sind als Nationalparks ausgewiesen und bilden zusammen mit mehr als 400 km² eine der größten Nationalparkregionen Europas, Teile stehen zusätzlich als UNESCO-Biosphärenreservate unter dem Schutz der Weltkulturorganisation.

Karkonoski Park Narodowy: Der 1959 gegründete polnische Nationalpark umfasst auf 55 km² neben den Hochgebirgspartien mit ihrer subalpinen Flora, den Kammwäldern, Mooren und Karen auch den Kochelfall einschließlich seiner malerischen Felsentalumgebung und den laubwaldgeschmückten Kynast. 30 der im polnischen Nationalpark registrierten Tierarten, 18 Pflanzenarten und 14 Moosarten befinden sich auf der Roten Liste. Das Wanderwegenetz im Nationalpark ist mehr als 100 km lang, mehrere Lifte führen auf die höchsten Höhen, ein Dutzend Bergbauden versorgt die jährlich rund 1,5 Millionen Gäste.

Feldarbeit bei Karpacz (Krummhübel) am Fuß der Schneekoppe.

Krkonošský národní park: Die höchste Region Tschechiens mit dem Quellgebiet der Elbe und den »Gründen« (Tälern) auf der Südseite des Riesengebirges wurde 1963 als erster Nationalpark des Landes unter Schutz gestellt; die Schutzfläche schließt nahtlos an den polnischen Riesengebirgs-Nationalpark an und wurde 1990 auf eine Fläche von 363 km² erweitert.

Fernwanderwege

Der Riesengebirgs-Kammweg, sozialistisch Freundschaftsweg, über die Schneekoppe ist das landschaftlich großartigste Teilstück des Kammwegs der Sudeten (Touren 1–7). Die Fortsetzung im Isergebirge ist der Europäische Fernwanderweg 3, er führt nach Liberec und weiter ins nahe Deutschland. Die Strecke hat sich dank ihrer landschaftlichen Schönheit und der guten Infrastruktur (Bauden, Ausschilderung) zum meistbegangenen Fernwanderweg in der deutsch-polnisch-tschechischen Euroregion Neiße entwickelt, wobei die meisten deutschen Wanderer die Route von Ost nach West begehen, beginnend an den hoch gelegenen Grenzbauden bzw. an der Bergstation des Kopa-Sessellifts auf polnischer Seite oder an der Bergstation des Sessellifts auf die Schneekoppe auf tschechischer Seite. Die Route hat folgenden Verlauf:

- Von den Pomezní Boudy (Grenzbauden) auf die Schneekoppe (Tour 7)
- Von der Schneekoppe zum Šleské sedlo (Spindlerpass, Touren 6 und 5)
- Vom Šleské Sedlo zur Szrenica (Reifträger, Touren 4, 3 und 2)
- Von der Szrenica nach Szklarska Poręba (Schreiberhau, Tour 1)
- Von Szklarska Poręba über den Hohen Iserkamm zur Na Stogu Izerskim (Heufuderbaude, vgl. Touren 40 und 41)
- Von der Na Stogu Izerskim über den Smrk (Tafelfichte, vgl. Tour 42) zur Smědava (Wittighaus)
- Von der Smědava (vgl. Tour 38) nach Liberec (Reichenberg, vgl. Tour 49)
- Von Liberec über den Ještěd (Jeschken, vgl. Tour 50)

E 3: Der Europäische Fernwanderweg 3 verläuft in zwei Strängen auf polnischer und tschechischer Seite durch das Vorland des Riesengebirges; die Verbindung zwischen dem polnischen und dem tschechischen Strang zwischen Szklarska Poręba und Harrachov ist faktisch nicht begehbar (folgt kilometerweit der Europastraße). Von der Szrenica aus ist der tschechische Strang durch den Abstieg nach Harrachov erreichbar (Tour 8). Durch das Isertal führt er zum Bukovec (Buchberg, Tour 37) und durch das Tal der Kleinen Iser (Tour 38) zur Smědava, wo er sich mit der oben skizzierten Route vereinigt.

Links: Die Schronisko Samotnia (Teichbaude) am Karsee Mały Staw ist eine der am schönsten gelegenen Hütten im Nordhang des Riesengebirges.
Nächste Doppelseite: Der »Kammweg« folgt dem Hauptkamm und ist die Hauptwanderstrecke des Riesengebirges. Blick vom Schronisko Dom Śląski (Schlesierhaus) zur Sněžka (Schneekoppe).

Riesengebirge – Krkonoše – Karkonosze

Der in der Schneekoppe (tschechisch Sněžka, polnisch Śnieżka) gipfelnde Hauptkamm bildet das Rückgrat des Riesengebirges. Er erstreckt sich auf knapp 40 km Länge zwischen dem Przełęcz Szklarska (Jakobstaler Pass) im Westen und dem Przełęcz Kowarska (Schmiedeberger Pass) im Osten, bildet die Wasserscheide zwischen Elbe und Oder und trägt die polnisch-tschechische Grenze. Auf der rund 30 km langen, autofreien Hauptkammpartie zwischen Szrenica (Reiftäger) und Pomezní Boudy (Grenzbauden) verläuft als internationaler Wanderweg der »Kammweg« (→ S. 17).

Aus der Wanderperspektive ist der Hauptkamm das Prunkstück des Riesengebirges. Grotesk verwitterte Felsen und aussichtsreiche Gipfel, der Wechsel von weiten Feuchtwiesen, Legföhreninseln und Geröllfeldern, dramatische Tiefblicke, die gewaltigen Felsszenerien der Śnieżne Kotły (Schneegruben), feine Ruhe- und Sonnenbadeorte im Gras oder auf Felsen wie Dívčí kameny (polnisch Śląskie Kamienie, deutsch Mädelsteine), Mužké kameny (polnisch Czeskie Kamienie, deutsch Mannsteine) oder dem Słonecznik (Mittagstein) – all dies und ein schier endloser Blick über die Kette der Sudeten, über die Vorberge und auf das weite, vielgestaltige, fruchtbare böhmische und schlesische Land kann eine geradezu magische Anziehungskraft ausüben. Wenn der Blick in die Skelettwälder der 1000-Meter-Zone hinabschweift und in die smogvernebelten Niederungen, dann trägt sogar dies zur Anziehungskraft des Hauptkamms bei: Wer hier oben wandert, scheint der Naturvernichtung entrückt.

Dass es vier Kammwanderungen sind (Tour 2, 4, 5 und 7) ergibt sich aus der Symmetrie des Hauptkamms: Der Šleské sedlo (polnisch Przełęcz Karkonoska, deutsch Spindlerpass,1198 m) teilt den Kamm in zwei fast gleich große Flügel. Beiden sitzt in der Mitte ein Hochgipfel mit hervorragender Aussicht auf, die Schneekoppe dem Ostflügel, der Vysoké Kolo (polnisch Wielki Szyszak, deutsch Hohes Rad) dem Westflügel. Das Ende beider Flügel markiert jeweils ein merkwürdig geformter Abschlussgipfel, die Szrenica (Reiftäger) im Westen, der Kowarski Grzbiet (Schmiedeberger Kamm) mit dem Skalny Stół (Tafelstein) im Osten. Der Kammbereich zwischen Szrenica und Schneekoppe besteht aus Granit, der östlich anschließende Kamm bis zu den Grenzbauden aus Glimmerschiefer und Gneis.

Böhmischer Kamm, Gründe und Wiesen

Dem Riesengebirgs-Hauptkamm südlich vorgelagert ist der parallel verlaufende Böhmische Kamm. Anders als der Hauptkamm wird er durch den tiefen Einschnitt des Elbdurchbruchs in zwei deutlich voneinander getrennte Flügel zerlegt: Der Ostflügel gipfelt im Studniční hora (Brunnberg, 1554 m) und weist mit dem Kozí hřbety (Ziegenrücken) den schönsten Felsgrat des Gebirges auf; der Westflügel gipfelt im Kotel (Kesselkoppe, 1435 m).

Blick von den Sokole Góry (Falkenbergen) auf den Rudawy Janowicki (Landeshuter Kamm).

Zwischen dem Hauptkamm und dem Böhmischen Kamm tiefen sich als Hauptaufstiegsrouten die Gründe von Mumlava (Mummel), Labe (Elbe) und Bílé Labe (Weißwasser) ein: Weißwassergrund, Elbgrund und Mummelgrund führen auf die aussichtsreichen Wiesen (Elbwiese, Weiße Wiese, Pantschewiese) zwischen Haupt- und Böhmischem Kamm; von dort ist es jeweils nur noch ein Spaziergang zum Hauptkamm. In den feuchten Wiesen sammeln sich die Quellbäche der jeweiligen Flüsse; die Wiesen stehen unter Naturschutz und dürfen nur auf den ausgeschilderten Routen durchschritten werden. Wie die Grinden im Schwarzwald und die Chaumes in den Vogesen sind die Riesengebirgs-Wiesen kein Werk der Natur, sondern sie sind durch menschliche Bewirtschaftung entstanden. Da sie heute unter Naturschutz stehen, findet die traditionelle bäuerliche Bewirtschaftung (Sömmerung des Viehs) nicht mehr statt, und da kein Vieh mehr die angeflogenen Fichten verbeißt, tendieren die Wiesen zur Verwaldung.

Es gibt zahlreiche weitere Wiesen und Gründe, die aus Naturschutzgründen nicht begangen werden dürfen (Teufelswiese, Teufelsgrund, Pudelgrund usw.). Das Gebiet zwischen der Labská louka (Elbwiese) im Westen und der Bílá louka (Weiße Wiese) im Osten wird als Sedmidolí, das Land der Sieben Gründe, bezeichnet; zahlreiche Sagen ranken sich um die Gründe und die Wiesen.

Nordabsturz

Während dem Riesengebirgs-Hauptkamm im Süden der Böhmische Kamm und diesem wiederum mehrere Zweigkämme vorgelagert sind, stürzt der Hauptkamm im Norden kurz und steil ab: Von Karpacz (Krummhübel) bis zur Schneekoppe sind bei einer Luftlinienentfernung von nur 4 km rund 1000 Höhenmeter zu überwinden. Den Steilabsturz auf der einen und eine vergleichsweise sanfte Abdachung auf der anderen Seite hat das Riesengebirge mit den Vogesen und dem Schwarzwald gemeinsam, und wie bei diesen Gebirgen weist der Steilabsturz des Riesengebirges eine Vielzahl von Naturschönheiten auf: das gewaltige Doppelkar der Śnieżne Kotły (Schneegruben), die Idyllen von Wielki und Mały Staw (Großer und Kleiner Teich) als den einzigen nennenswerten Seen des Gebirges, monumentale Felsformationen wie die Pielgrzymy (Drei- oder Pilgersteine), aussichtsreiche Bergwiesen wie die Hala Szrenicka (Reifträgerwiese), nicht zu vergessen den Wodospad Kamieńczyka (Zackelfall) und zahlreiche weitere Wasserfälle.

Ein einziger Bergzug springt so markant vom Nordabsturz in die flachen Kotlina Jeleniogórska (Hirschberger Kessel) vor, dass er als eigenständiger Kamm betrachtet werden kann. Es ist der im Grabowiec (Gräber- oder Kräberberg, 784 m) als höchstem Vorberg gipfelnde Kamm, der weiter nördlich in den von Granittürmen geschmückten Wzgórza Lomnickie (Stonsdorfer Bergen) endet. Auf diesem Kamm liegt auch eines der ältesten Heiligtümer des Gebirges, der Gutenborn. Der kurze, steile Nordabsturz bedingt, dass sich hier keine großen Täler wie auf der Südseite gebildet haben. Am markantesten ist das Tal der Kamienna (Zacken); es trennt den Westflügel des Riesengebirgs-Hauptkamms vom Wysoki Grzbiet (Hoher Iserkamm). Im Zackental liegt als eines der bedeutendsten touristischen Zentren des nördlichen Riesengebirges die Stadt Szklarska Poręba (Schreiberhau). Das zweite Touristikzentrum, Karpacz (Krummhübel), liegt im Tal der Lomnica (Lomnitz). Im Tal der Jedlica (Eglitz) liegt am Fuß des östlichen Riesengebirgs-Hauptkamms und des Rudawy Janowickie (Landeshuter Kamm) die alte Stadt Kowary (Schmiedeberg). Die Bäche aus all diesen Tälern eilen dem Bober zu, der nach Umfließen des Landeshuter Kamms ein hochflächenartig weites, flaches und doch sehr abwechslungsreiches, von Bergen umstandenes Gebiet durchströmt: die Kotlina Jeleniogórska (Hirschberger Kessel), benannt nach der Stadt Jelenia Góra (Hirschberg), dem bedeutendsten Siedlungszentrum vor dem nördlichen Riesengebirge.

Vor der Wekelsdorfer Felsenstadt ragt frei stehend der »Wachfelsen« auf.

Die Zweigkämme

Am Ostende des Hauptkamms verzweigt sich das Gebirge: Nach Norden streicht der Rudawy Janowickie, während der Kamm des Rýchory (Rehorngebirge) die Südostgrenze des Riesengebirges markiert. Nicht nur wenn Wolken das Hochgebirge umdampfen, bilden diese vergleichsweise niedrigen Kämme hervorragende Alternativen zu den Hochlagen des Riesengebirges: etwa die Sokole Góry (Falkenberge) mit ihren fantastischen Felsen am Nordabschluss des bei den aussichtsreichen Skalnik (Friesensteine, 945 m) gipfelnden Rudawy Janowickie oder die Buchenwälder des Rýchory, das im Dvorský les (Höfelbusch, 1033 m) gipfelt. Das Gleiche gilt für die vom Böhmischen Kamm nach Süden ausstrahlenden Zweigkämme: Auf einigen lässt sich eine bäuerlich geprägte Bergkulturanmut erleben, die mit ihrem Blumen-wiesenschmuck, ihren uralten Laubbäumen, den winzigen Dörfern und den weiten Panoramen einzigartig ist, etwa das Gebiet am Stráž (Wachstein) bei Rokytnice nad Jizerou (Rochlitz).

Auf einigen höheren, bewaldeten Bergen der Zweigkämme stehen Aus-sichtstürme, so auf der Hvězda (Stephanshöhe, 958 m) und auf dem Přední Žalý (Heidelberg, 1019 m), denn die Lage dieser Berge zwischen dem ei-gentlichen Gebirge und dem Vorland ermöglicht hervorragende Aussichten. Die wuchtigste Südbastion ist die in vielerlei Hinsicht – Aussicht, Wollgras-moore, Felsen – interessante Černá hora (Schwarzenberg, 1299 m).

Name

Der lateinische Gelehrtenname »Mons giganteus« lebt im deutschen »Rie-sengebirge« und im englischen »Giant Mountains« fort und kann Vorstellun-gen von einem Gebirge riesenhaften Ausmaßes wecken. Das »Riesenhafte« des Riesengebirges ist eine in ihrem Facettenreichtum überwältigende Natur, die heute ebenso erlebt werden kann wie vor zweihundert Jahren, als Caspar David Friedrich den symbolisch überhöhten »Morgen im Riesengebirge« (1810) malte. Auf Tschechisch und Polnisch heißt das Riesengebirge nicht »Riesen«-Gebirge, sondern sinngemäß Rübezahl-Gebirge: Krakonoš heißt Rübezahl auf Tschechisch, Karkonosz auf Polnisch. In der Böhmenkarte von Johannes Criginger aus dem Jahr 1568 werden die unterschiedlichen Na-men erklärt: »Krkonosse vel montes Gigantum in quibus Daemon, quem in-colae Ribenzal vocant, mirabilem Dei potestatem monstrat.« Die Erklärung verzeichnet zwei Benennungen für dasselbe Gebirge: Krkonosse ist die sla-wische Bezeichnung, »Riesengebirge« die andere, weil in diesen Bergen »der Dämon, den die Aborigines Ribenzal nennen, die bewunderswerte Macht Gottes zeigt«.

Die Felsenstädte

Die Felsenstädte in unmittelbarer Nachbarschaft des Riesengebirges zählen zu den bedeutendsten Natur- und Kulturdenkmälern Mitteleuropas und sind Wander- und Kletterparadiese ersten Ranges.

Die Wanderwege bzw. -steige in den Felsgebieten sind hervorragend ausge-schildert und markiert. Von den Wanderrouten zweigen die mit einem weißen Dreieck markierten Pfade und Steige zu den Kletterfelsen ab. Allein in der Adersbacher und der Wekelsdorfer Felsenstadt (Tour 22) gibt es rund 3500 solcher Kletterpfade. Das ist eine so ungeheure Fülle, dass sich niemand grämen muss, weil es auch aus Naturschutzgründen gesperrte Pfade und Steige gibt: Die Markierung »schwarzes x« bedeutet »Zutritt verboten«.

Die Schönheit, Erhabenheit und Gefährlichkeit der unwegsamen Felsgebiete hat schon die Menschen der mythischen Zeit in Bann geschlagen. Die keltischen, germanischen und slawischen Heiden nutzten diese erhabenen Ensembles aus Türmen, Nadeln, Höhlen, Zinnen, Schluchten, Plateaus, Wasserläufen und artenreichen Laubwäldern (heute überwiegend Fichten) zu religiösen Zwecken.

Der Eingang zur »Unterwelt«. Mehr als 1500 Felsen sind in der Adersbacher und der Wekelsdorfer Felsenstadt für das Klettern freigegeben.

Schreiberhau – Zackelfall – Reifträger

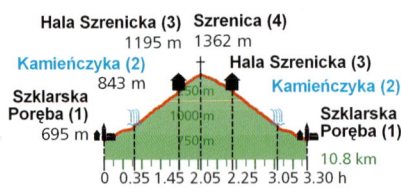

Hala Szrenicka (3)   Szrenica (4)
1195 m   1362 m
Kamieńczyka (2)   Hala Szrenicka (3)
843 m
Szklarska   Kamieńczyka (2)
Poręba (1)   Szklarska
695 m   Poręba (1)

10.8 km

0   0.35   1.45   2.05   2.25   3.05   3.30 h

Der Aufstieg zum Wodospad Kamieńczyka (Zackelfall) und zur aussichtsreichen Szrenica (Reifträger) bildet den Auftakt der Riesengebirgs-Kammwanderung. Die Szrenica im Westen des Kamms ist der Panorama- und Wintersportberg von Szklarska Poręba (Schreiberhau). Er bietet eine hervorragende Aussicht auf das Zackental, auf den Hirschberger Kessel und weit nach Niederschlesien hinaus, auf das Isergebirge, den Ještěd (Jeschken) und den Böhmischen Kamm. Im Winter verwandelt er sich in die Skiarena Szrenica mit 20 km Abfahrtspisten und Langlaufwegen und mehreren Skiliften sowie dem Doppelsessellift, mit dem auch viele Wanderer gipfelwärts schweben.

Talort: Szklarska Poręba (Schreiberhau, 660 m) ist der bedeutendste Wintersportort im polnischen Teil des Riesengebirges.

Ausgangspunkt: Parkplatz (695 m) in Szklarska Poręba an der E 65 Richtung Tschechien. Der Ausgangspunkt ist vom Busbahnhof in 15 Min. zu erreichen mit der roten Markierung.

Höhenunterschied: 670 Höhenmeter.

Einkehr: Schronisko Kamieńczyk (Zackelfallbaude) und Einkehrhütte Sielanka am Zackelfall, Schronisko na Hali Szrenickiej (Neue Schlesische Baude), Schronisko Szrenica (Reifträgerbaude).

Varianten: Wer die Wanderung in umgekehrter Richtung begeht, verzichtet auf nahezu alle Anstiege. Wer einen kurzen Panorama-Ausflug unternehmen will, dreht die Runde von der Sessellift-Bergstation zum Schronisko na Hali Szrenickiej und zur Felsgruppe Końskie Łby (Pferdekopfsteine).

Vom Parkplatz **Szklarska Poręba (1)** folgt die rote Markierung einem steinigen Waldweg bergan zur Wegekreuzung Rozdroże pod Kamieńczykem und zum **Wodospad Kamieńczyka (2**, Zackelfall), dem längsten Wasserfall im schlesischen Teil der Sudeten (Eintrittsgebühr). Oberhalb des Wasserfalls wechselt die rote Markierung auf einen holperigen Fahrweg, der zur aussichtsreichen Alm **Hala Szrenicka (3)** mit der Herberge Schronisko na Hali Szrenickiej hinaufleitet. Von der Verzweigung oberhalb der Herberge führt der rot markierte Kammweg halb links aufwärts zur Verzweigung südlich des Reifträgers, hier beginnt der kurze Schlussanstieg auf die **Szrenica (4)**. Vom Gipfel geht es wenige Meter zurück und scharf rechts auf dem aussichtsreichen Nordhangweg an der Felsgruppe Kónskie Łby (Pferdekopfsteine) vorbei zurück zur Herberge auf der Alm **Hala Szrenicka (3)**. Der weitere Abstieg zum **Wodospad Kamieńczyka (2)** und zum Ausgangspunkt in **Szklarska Poręba (1)** folgt der Aufstiegsroute.

Das Zakerle stürzt 27 m über die Felsen und verschwindet in einer Klamm.

Szrenica – Vysoké Kolo – Pramen Labe

Reifträger – Hohes Rad – Elbquelle

Zum hervorragenden Aussichtsreichtum dieser bequemen Rundwanderung treten die fantastischen Tiefblicke in die Schneegruben, während der Vysoké Kolo (polnisch Wielki Szyszak, deutsch Hohes Rad), der höchste Berg auf dem Westflügel des Riesengebirgs-Hauptkamms, einen wunderbaren Panorama-Glanzpunkt setzt, obwohl aus Naturschutzgründen nur der Weg im Nordhang begangen werden darf.

Talorte: Im Norden Szklarska Poręba (→ Tour 1), im Süden Harrachov (→ Tour 8).
Ausgangspunkt: Szrenica (Reifträger, 1362 m). Der Ausgangspunkt ist auf polnischer Seite ab Szklarska Poręba wie Tour 1 bzw. mit dem Szrenica-Sessellift zu erreichen. Auf tschechischer Seite führt Tour 8 ab Harrachov zum Ausgangspunkt.
Höhenunterschied: 410 Höhenmeter.
Einkehr: Schronisko Szrenica (Reifträgerbaude) an der Bergstation des Lifts, Labská bouda (Elbfallbaude), Vosecká bouda (Wosseckerbaude).

Von der **Szrenica** (**1**, Reifträger) führt der rot markierte Kammweg aussichtsreich an der Felsgruppe **Trzy Świnki** (Sausteine) vorbei und passiert kurz hintereinander drei wichtige Verzweigungen: Zuerst zweigt der grün markierte Szrenica-Nordhangpfad ab, in der Mokra Przełęcz (Nasser Sattel) verlässt der grün markierte Schneegruben-Pfad den Kammweg, dann mündet von tschechischer Seite der durch den Mummelgrund via Vosecká bouda herauf-

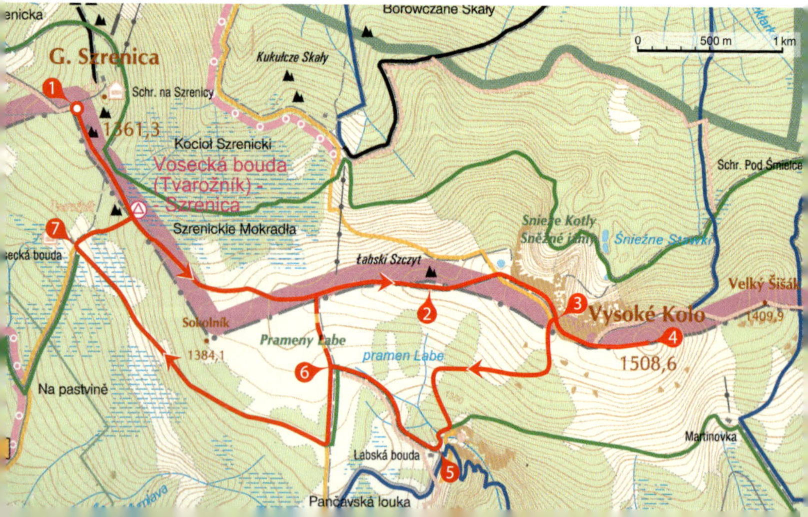

Vom Kammweg Richtung Szrenica (Reifträger) schweift der Blick zum Kotel (Kessel-koppe) auf dem Böhmischen Kamm. Zwischen dem Hauptkamm und dem Böhmischen Kamm haben Gletscher den Mummelgrund ausgetieft.

führende Wanderweg ein – auf ihm kommen wir am Ende der Rundwande-rung zurück. Gleich darauf steht links am Wegrand der scheibenartig verwit-terte Felsen **Tvarožník** (Quargstein). Kurz nach Passieren des aussichtsrei-chen **Sokolník** (Tafelstein) zweigt auf tschechischer Seite ein gelb markierter Wanderweg zur Elbquelle ab, an der wir bei der Rückwanderung vorbeikom-men. Links des Kammwegs erhebt sich das zierliche Granitporphyr-Gipfel-chen **Łabski Szczyt** (**2**, tschechisch Violík, deutsch Veilchenstein), das zu ei-nem von Krustenflechten besiedelten Blockmeer verwittert ist. An der höchs-ten Stelle (faszinierender Blick durch den lawinengefährdeten Nordabsturz ins Zackental und aufs Isergebirge) steht der Fels noch mauerartig an, wobei die Wollsackverwitterung eindrucksvolle Zinnenmuster in die Gipfelmauer ge-laugt hat. Den deutschen Namen Veilchenstein trägt er nach einer Algenart, dem Veilchenmoos, das in feuchtem Zustand einen betörenden Duft verströmt.

Das Kar der Wielki Kocioł (Große Schneegrube) mit dem Vysoké Kolo (Hohes Rad).

Vom Łabski Szczyt strebt der Kammweg der polnischen Fernseh- und Rund-funkstation in der ehemaligen Schneegrubenbaude an der **Sněžné jámy** (**3**, Schneegruben-Verzweigung) zu. Auf dem Buckel zwischen Łabski Szczyt und Sender zweigt auf polnischer Seite die gelbe Markierung zur Baude Schronisko Hala Pod Łabskim Szczytem ab; über diese Markierung ist der grün markierte Nordhangpfad zu erreichen (→ Tour 3).

Stufen führen auf die wollsackverwitterte **Czarcia Ambona** (Teufels- bzw. Rübezahlkanzel) neben der Sendestation. Der rot markierte Kammweg führt an der Kante über den **Śnieżne Kotły** (Schneegruben) entlang; hier sind einige der faszinierendsten Tiefblicke des Riesengebirges zu erleben; Schwindelanfällige finden gesicherte Punkte vor. Neben dem Schneegruben-Doppelkar erhebt sich in majestätischer Ruhe der **Vysoké Kolo** (**4**) mit seiner fantastischen Rundschau (auf den Gipfelbereich führt der Kammweg aus

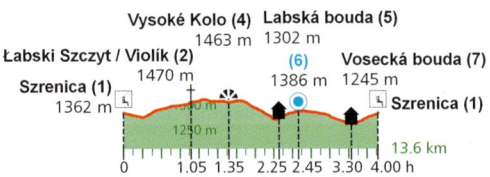

Naturschutzgründen nicht, nur durch den Nordhang): Im Osten steht die Schneekoppe, unten schneiden die Sieben Gründe zwischen Riesengebirgs-Hauptkamm und Böhmischem Kamm ein, rechts weht der Pantschefall über die Goldhöhen-Felswände in den Elbgrund, dahinter rundet sich die Kotel (Kesselkoppe), links öffnet sich der Weißwassergrund, überragt vom Kozí hřbety (Ziegenrücken). Der Schwarzenberg bei Johannisbad sowie weitere Berge zeigen sich im Vorland. In Schlesien weitet sich der Hirschberger Kessel, links vom Zackental präsentiert das Isergebirge seine üppigen Rundungen, links davon schneidet die Mauer des Jeschkengebirges den Horizont mit dem pyramidalen Ještěd (Jeschken) als höchster Erhebung.

An der **Sněžné jámy (3)** zweigt vom Kammweg die gelbe Markierung zur **Labská bouda** (**5**, Elbfallbaude) am **Elbfall** ab. Von dort führt die grüne Markierung weiter zum **Pramen Labe** (**6**, Elbquelle). Von der Quelle kann man direkt zum Kamm zurückgehen (gelb), doch wir folgen der grünen Markierung aussichtsreich sowie passagenweise im Bergwald weiter zur **Vosecká bouda** (**7**, Wosseckerbaude). Dort geht es rechts hinauf zum Kammweg und links zurück zur **Szrenica (1)**.

Von der Alm Hala Szrenicka auf der polnischen Seite der Szrenica (Reifträger) fällt der Blick hinüber zum Isergebirge.

Reifträger – Schneegruben – Alte Schlesische Baude

Das Doppelkar der Śnieżne Kotły (Schneegruben, 1300–1490 m) in der Nordflanke des Hauptkamms ist eines der faszinierendsten Wanderziele im Riesengebirge. Neben fantastischer Aussicht und einzigartigen Felsformationen erwartet uns in dem 127 ha großen Naturschutzgebiet auch eine reiche Pflanzenwelt. Ihren Namen tragen die Kare nach dem Schnee, der sich hier bis weit in den kalendarischen Sommer hinein hält. Aus Naturschutzgründen darf der grün markierte Wanderweg nur von Juni bis November begangen werden. Außerhalb dieser Zeit muss man sich auf die Tiefblicke vom Kammweg aus beschränken; am besten ist die Aussicht in die 800 m lange und bis zu 600 m breite Wielki Kocioł (Große Schneegrube) im Gebiet der polnischen Sendestation von der ehemaligen Schneegrubenbaude aus. Die Śnieżne Kotły sind auf verschiedenen Routen von verschiedenen Ausgangspunkten aus erreichbar, insgesamt überwiegen verhältnismäßig weite Anmarschwege. Vorgestellt sei die relativ kurze Kombination von Kammweg und grün markiertem Weg; auf letzterem ist gutes Schuhwerk wichtig, da er nicht promenadenmäßig ausgebaut ist wie der Kammweg und zudem lawinengefährdet ist.

Talort: Szklarska Poręba (→ Tour 1).
Ausgangspunkt: Szrenica (Reifträger, 1362 m). Der Ausgangspunkt ist auf polnischer Seite ab Szklarska Poręba wie Tour 1 bzw. mit dem Szrenica-Sessellift zu erreichen.
Höhenunterschied: 520 Höhenmeter.
Einkehr: Schronisko Szrenica (Reifträgerbaude), Pod Łabskim Szczytem (Alte Schlesische Baude).

Von der **Szrenica** (**1**, Reifträger) führt der rot markierte Kammweg (→ Tour 2) aussichtsreich an der Felsgruppe Trzy Świnki (Sausteine) vorbei zur Verzweigung, an der man sich entscheiden muss, ob man links oder rechts herum wandert: Wer im Uhrzeigersinn wandern will, folgt der grünen Markierung hinab Richtung Pod Łabskim Szczytem (Alte Schlesische Baude). Der Kammweg hingegen steigt aussichtsreich zum **Łabski Szczyt** (**2**, tschechisch Violík, deutsch Veilchenstein) an. Zwischen Łabski Szczyt und Vysoké Kolo (Hohes Rad) öffnen sich im Nordhang die Śnieżne Kotły (Schneegruben): östlich unterhalb des Veilchensteins die Mały Kocioł (Kleine Schneegrube), weiter östlich die Wielki Kocioł (Große Schneegrube) unterhalb des Vysoké Kolo. Die Schneegruben sind Hochgebirgskare. Sie entstanden, als sich

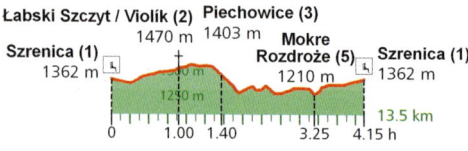

Łabski Szczyt / Violík (2) — 1470 m — Piechowice (3) 1403 m — Mokre Rozdroże (5) — Szrenica (1) 1362 m — Szrenica (1) 1362 m — 1210 m — 1250 m — 13.5 km — 0 1.00 1.40 3.25 4.15 h

während der Eiszeit kleine Schneenischen zu Inlandgletschern verfestigten und in den Hang einnagten. Der Boden der Wandnischenkare liegt etwa 200 m unterhalb des scharf gezeichneten oberen Randes, an dem sich geländergesicherte Aussichtskanzeln befinden. Die kahlen Felsen stürzen in bis zu 100 m hohen Wänden senkrecht ab.

Vom Łabski Szczyt strebt der Kammweg dem polnischen Fernseh- und Rundfunksender in der ehemaligen **Schneegrubenbaude** bei der **Teufelskanzel** zu. Auf dem Buckel zwischen Łabski Szczyt und Sendestation zweigt auf polnischer Seite die Markierung gelb zum Schronisko pod Łabskim Szczytem ab; dieser lawinengefährdete Steig ist relativ kurz, aussichtsreich und steil. Wir folgen dem Kammweg weiter zur Sendestation und an den Aussichtsstellen an der Kante über den Schneegruben vorbei durch den Nordhang des Vysoké Kolo bis zur Abzweigung des blau markierten **Piechowice-Wanderwegs (3)**. Steil, felsig und aussichtsreich führt er talwärts, bis an der ersten Wegekreuzung **Rozdroże pod Wielkim Szyszakem (4**, 1220 m) der grüne Nordhangpfad kreuzt. Der lawinengefährdete Nordhangpfad leitet links aufwärts und durch die faszinierende Felsenwelt von Mały Kocioł und Wielki Kocioł. Am Ausgang der Kare lagern hohe Endmoränen, in deren Bereich die **Kochelteiche** liegen; sie sind die Quellteiche der Dürren Kochel, eines Zuflusses der Kochel (Szklarka). An den Teichen vorbei schwingt sich der Steig im Bann der Granitwände in die Mały Kocioł; das Gelände ist für diese mittelgebirgsartige Höhenlage extrem steil, Trittsicherheit ist erforderlich. In der Mały Kocioł durchstößt ein Basaltgang den Granit und tritt auf 1400 m an die Kante des Grubenrandes heran. Es ist das höchstgelegene Basaltvorkommen Europas; die Basaltstelle am Westflügel des Kars ist aufgrund ihrer dunkleren Färbung gut erkennbar. An der Wegekreuzung **Mokre Rozdroże (5)** oberhalb der Herberge **Pod Łabskim Szczytem** muss man sich ein letztes Mal entscheiden: Der grüne Weg führt zurück zum Ausgangspunkt **Szrenica (1)**, wo man mit dem Sessellift nach **Szklarska Poręba** (Schreiberhau) zurückschwebt; talwärts hingegen geht es zur Herberge (gut 1 Std. Abstieg nach Szklarska Poręba).

Spindlerbaude – Peterbaude – Martinsbaude

Vom Šleské sedlo (polnisch Przełęcz Karkonoska, deutsch Spindlerpass) führt der Kammweg überwiegend in der aussichtsreichen Knieholzzone an den eindrucksvollen Felsgebilden Dívčí kameny und Mužké kameny (polnisch Śląskie Kamienie und Czeskie Kamienie, deutsch Mädel- und Mannsteine) vorbei, im Nordhang des Vysoké Kolo (Hohes Rad) hat man einen fantastischen Tiefblick in die Śnieżne Kotły (Schneegruben). Für das leibliche Wohl sorgt die Martinová bouda (Martinsbaude).

Talort: Špindlerův Mlýn (Spindlermühle, 710 m), die höchstgelegene Stadt an der Elbe, ist das größte Fremdenverkehrs- und Wintersportzentrum im südlichen Riesengebirge. Das Gebiet des weit gestreuten Orts im Krkonošský-Nationalpark reicht bis hinauf zur Elbquelle und zur polnischen Grenze; die Labská přehrada (Elbtalsperre, 1914) unterhalb von Špindlerův Mlýn staut die während der Schneeschmelze und starker Regenfälle vom Gebirge herabflutenden Wasser. Sessellifte führen von Špindlerův Mlýn auf den Medvědín (Bärhübel) und vom Ortsteil Svatý Petr (Sankt Peter) auf den Přední Planina (Planur).
Ausgangspunkt: Šleské sedlo (polnisch Przełęcz Karkonoska, deutsch Spindlerpass, 1198 m) auf dem Riesengebirgs-Hauptkamm. Der Šleské sedlo ist ab Špindlerův Mlýn mit dem Bus (Ziel: Špindlerovka) bzw. Taxi erreichbar, für den öffentlichen Verkehr ist die Serpentinenstraße zum Spindlerpass gesperrt. Von Norden ist der Pass (außer für Hotelgäste) nur zu Fuß bzw. mit dem Mountainbike ab Przesieka (Hain) erreichbar.
Höhenunterschied: 480 Höhenmeter.
Einkehr: Špindlerova bouda (Spindlerbaude) und weitere Bauden am Šleské sedlo. Martinová bouda (Martinsbaude), Bradlerovy boudy (Bradlerbaude), Petrova bouda (Peterbaude, 2011 durch Brandstiftung zerstört).

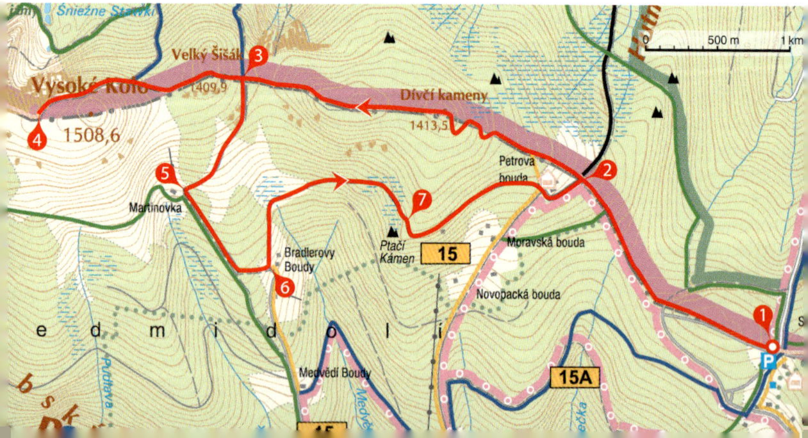

Rast auf den vorderen Dívčí kameny (Mädelsteine).

Von der **Špindlerova bouda** (**1**, Spindlerbaude) auf dem aussichtsreichen Šleské sedlo leitet der rot markierte Kammweg in sachtem Anstieg westwärts auf die Kuppe **Čihadlo** (polnisch Ptasi Kamień, deutsch Vogelherd) und mündet dann in einen Asphaltweg. Dieser durchquert die **Przełęcz Dołek** (Mädelwiese, 1178 m), die tiefste Einsattelung des Riesengebirgs-Hauptkamms; auf der Feuchtwiese wachsen der Insekten fangende Sonnentau und andere seltene Pflanzen. Von der Przełęcz Dołek führt der Kammweg wieder aufwärts, nach wenigen Minuten zweigt ein grün markierter Weg links zur Moravská bouda (Mährischen Baude) und zur Novopacká bouda ab. Gleich darauf geht an der Verzweigung **Hutniczy Grzbiet (2)** ein blau markierter Weg ebenfalls links zur ehemaligen Petrova bouda (Peterbaude, 1285 m), während ein schwarz markierter Weg rechts nach Jagniątków (Agnetendorf) hinabführt.

An der Wegeverzweigung bei der Petrova bouda verlässt der Kammweg den Asphalt, folgt einem Pfad durch eine aussichtsreiche Bergwiese und führt dann auf einem steinigen Weg zwischen Legföhren zum **Mädelkamm** hinauf, benannt nach einer Sennerin, die hier ihr Leben gelassen haben soll. Die **Dívčí kameny** (1413 m) sind zwei wollsackverwitterte Felsgruppen, die gute Aussicht bieten und sich bestens zur Rast eignen. Von den Dívčí kameny senkt sich der Kammweg hinab, überschreitet dann eine von Granitschutt be-

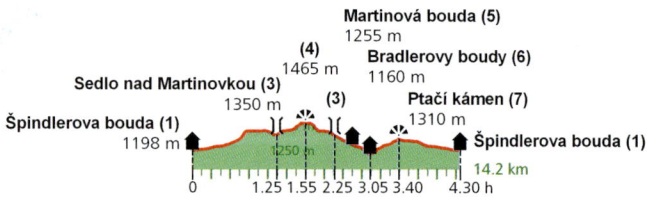

Martinová bouda (5)
1255 m
(4) Bradlerovy boudy (6)
1465 m 1160 m
Sedlo nad Martinovkou (3)
1350 m (3) Ptačí kámen (7)
Špindlerova bouda (1) 1310 m
1198 m 1250 m Špindlerova bouda (1)
14.2 km
0   1.25 1.55 2.25 3.05 3.40   4.30 h

deckte Kuppe und erreicht die **Mužské kameny** (1417 m). Sie sind größer, wuchtiger, spitziger als die gerundeten Dívčí kameny; wie diese bilden sie einen guten Rastort mit hervorragender Aussicht. Von den Mužské kameny leitet der Kammweg steil und steinig mit schönem Blick auf **Szklarska Poręba** (Schreiberhau) zum **Sedlo nad Martinovkou** (3, polnisch Czarna Przełęcz, deutsch Agnetendorfer Pass, 1350 m) hinab, wo der Wanderweg Jagniątków – Špindlerův Mlýn den Kamm überquert; der tschechische Name bezieht sich auf die nahe Martinová bouda (Martinsbaude).

Vom Sedlo nad Martinovkou führt der Kammweg auf die Śmielec (Große Sturmhaube,1414 m); dieser kegelförmige Felstrümmergipfel ist ungeachtet des Namens niedriger als die Malý Šišák (»Kleine« Sturmhaube, 1440 m) östlich des Šleské sedlo. Der Kammweg führt nicht auf den Gipfel, sondern überschreitet den Südrücken mit Blick zum Vysoké Kolo (Hohes Rad), hinter dem die polnische Sendestation im Gebäude der ehemaligen Schneegrubenbaude zu sehen ist. Nach Passieren der Schneegruben-Abzweigung führt der Kammweg im Hang des Vysoké Kolo zur Schneegruben-Aussichtskanzel **(4)** (→ Tour 3).

Von der Aussichtskanzel zurück zum **Sedlo nad Martinovkou (3)**: Der landschaftlich schöne Rückweg führt über die aussichtsreichen Wiesenfluren und durch die Wälder südlich des Kamms. Am **Sedlo nad Martinovkou** zweigt die blaue Markierung zur aussichtsreich gelegenen **Martinová bouda** (5, Martinsbaude) ab und senkt sich weiter hinab zur **Bradlerovy boudy** (6, Bradlerbaude). Nach steilem Gegenanstieg im Schlussbereich des **Medvědi důl** (Bärengrund) leitet die blaue Markierung durch Hangwälder zum Aussichtspunkt **Ptačí kámen** (7, Vogelstein) und weiter zur Petrova bouda, hinter der an der Verzweigung **Hutniczy Grzbiet (2)** der Kammweg wieder erreicht wird. Die aussichtsreich gelegene Petrova bouda war früher Ausgangspunkt der Hörnerschlittenrouten nordwärts nach Jagniątków und südwärts nach Špindlerův Mlýn. Auf dem Kammweg geht es ostwärts zurück zum Ausgangspunkt an der **Špindlerova bouda (1)**.

Blick vom Begangssteig im von Verwitterungsschutt bedeckten Nordhang des Vysoké Kolo (Hohes Rad) zur Śmielec (Große Sturmhaube) und – ganz hinten – zu den Dívčí kameny (Mädelsteine).

Spindlerbaude – Schlesierhaus – Wiesenbaude

Diese aussichtsreiche, bequeme Kammwanderung bildet für viele Wanderer von Tschechien aus die Standardroute zur Schneekoppe, da der hoch gelegene Šleské sedlo (polnisch Przełęcz Karkonoska, deutsch Spindlerpass) von Špindlerův Mlýn (Spindlermühle) aus mit dem Bus erreichbar ist. In Kombination mit dem Abstieg über die Luční bouda (Wiesenbaude, → Tour 16), in der man gut übernachten kann, ergibt sich die Möglichkeit einer hervorragenden Zweitageswanderung. Ein alternatives Abstiegsziel ist Pec (Petzer, → Tour 18), von wo aus der Bus zurück nach Špindlerův Mlýn fährt.

Talort: Špindlerův Mlýn (Spindlermühle, 710 m; → Tour 4).
Ausgangspunkt: Špindlerova bouda (Spindlerbaude) am Šleské sedlo (polnisch Przełęcz Karkonoska, deutsch Spindlerpass, 1198 m; → Tour 4).
Höhenunterschied: 440 Höhenmeter.

Einkehr: Špindlerova bouda und weitere Bauden am Šleské sedlo (Spindlerpass); Schronisko Dom Śląski (Schlesierhaus), Luční bouda (Wiesenbaude).
Hinweis: Wer auf die Schneekoppe weiterwandert, muss zusätzlich Zeit einplanen (→ Tour 6).

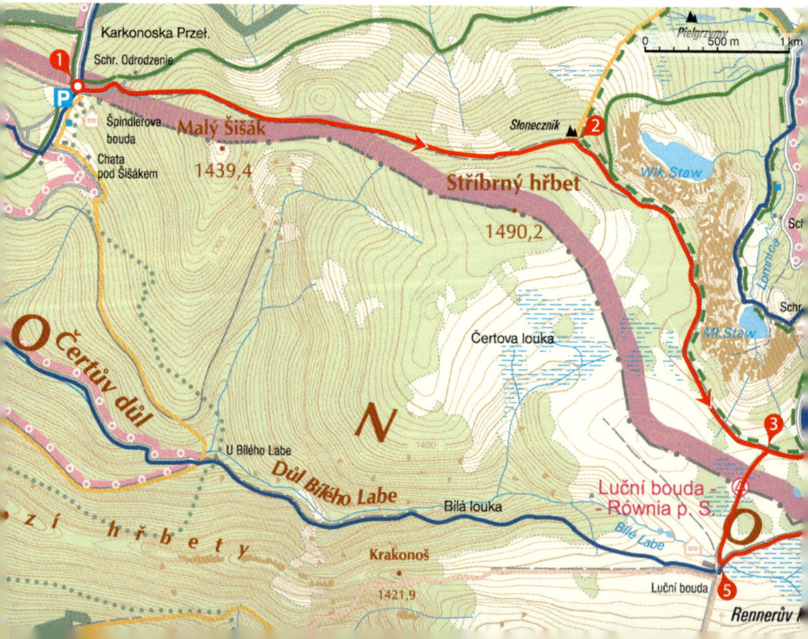

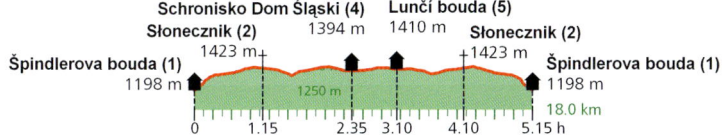

Schronisko Dom Śląski (4) — 1394 m
Słonecznik (2) — 1423 m
Lunčí bouda (5) — 1410 m
Słonecznik (2) — 1423 m
Špindlerova bouda (1) — 1198 m
Špindlerova bouda (1) — 1198 m
1250 m
18.0 km
0   1.15   2.35   3.10   4.10   5.15 h

Von der **Špindlerova bouda** (**1**, Spindlerbaude) auf dem aussichtsreichen Šleské sedlo weist der rot markierte Kammweg die Route ostwärts. Ein Stück oberhalb der Špindlerova bouda liegt links des Wegs das polnische Schronisko Odrodzenie. Der Weg steigt rasch an zur **Mały Szyszak** (Kleine Sturmhaube, 1435 m), die ungeachtet des Zusatzes »Klein« elf Meter höher ist als die Śmielec (»Große« Sturmhaube, 1424 m) bei den Śnieżne Kotły (Schneegruben, → Tour 4). Der Kammweg umgeht den aussichtsreichen Gipfel nordseitig über dem Ziołorosle (Kleines Schneeloch), in dem die Quellbäche des Podgórna (Giersdorfer Wasser) entspringen, und erreicht schließlich den aussichtsreichen **Słonecznik** (**2**, Mittagstein, 1423 m). Das Felsensemble soll früher den Schnitterinnen im Tal der Lomnica (Lomnitz) die Mittagsstunde angezeigt haben, da dann die Sonne genau hinter den Felsmassen gestanden haben soll. Am Mittagstein mündet die von der Polana (ehemalige Schlingelbaude) über die Pilger- oder Dreisteine heraufführende gelbe Markierung auf den Kammweg.

Vom Słonecznik zieht der Kammweg hoch über dem Wielki Staw (Großer Teich) weiter, nimmt die von der Polana via Wielki Staw heraufführende grüne Markierung auf, kommt an den Resten der 1888 errichteten Prinz-Heinrich-Baude vorbei und gewährt großartige Ausblicke. Der Wielki Staw liegt am Grund eines Kars, dessen Felswände mehr als 120 m hinabstürzen; der von einem Moränenwall gestaute Teich ist der größte natürliche See des Riesengebirges. Der Kammweg führt weiter zu den Abstürzen über dem Mały Staw, (Kleiner Teich, → Tour 27). Von der Verzweigung **Spaloná Strażnika (3)** – hier geht es rechts zur nahen Lučni bouda – zieht der Kammweg aussichtsreich weiter und mündet an der Verzweigung Równia pod Śnieżka in den vom Mały Staw heraufführenden Weg. Die Schneekoppe rückt als gigantischer Wegweiser in Sicht, rechts fällt der Blick hinüber auf den Tschechischen Kamm. Das flachhügelige Gebiet, das der Kammweg durchzieht, ist der **Obří plán**

(Koppenplan). In den Feuchtwiesen zwischen Obří plán und Tschechischem Kamm entspringt das Bílé Labe (Weißwasser, Weiße Elbe); jenseits der Wiesen rundet sich der Studniční hora (Brunnberg, 1554 m), der höchste Gipfel des Böhmischen Kamms und zweithöchste Gipfel des

39

Riesengebirges. Vom Obří plán senkt sich der Kammweg sacht hinab zum **Schronisko Dom Śląski (4**, Schlesierhaus) im aussichtsreichen Sattel (1394 m) am Fuß der Schneekoppe. Hier, wo der von Špindlerův Mlýn über die Luční bouda heraufführende Wanderweg einmündet, beginnt der Schlussspurt zur Schneekoppe (→ Tour 6), während wir der blauen Markierung westwärts zur gastlichen **Luční bouda (5)** folgen. Von dort führt der gelb markierte Verbindungsweg nordwärts zurück zur Verzweigung **Spaloná Strażnika (3)** am Kammweg: Auf derselben aussichtsreichen Route wie beim Hinweg geht es westwärts zurück zum Ausgangspunkt am **Šleské sedlo (1)**.

*Auf dem Weg zur Luční bouda (Wiesenbaude) ist zwischen Legföhren der Schlussan-
stieg zur Sněžka (Schneekoppe) gut in Sicht: links das Schronisko Dom Śląski (Schlesierhaus), im Sněžka-Nordhang der bequeme »Jubiläumsweg«, geradeaus auf dem
Westrücken der kettengesicherte »Zickzackweg«.*

Schlesierhaus – Schneekoppe

Das Gasthaus Schronisko Dom Śląski ist wegen der leichten Erreichbarkeit der meistfrequentierte Ausgangspunkt für die Wanderung auf die Sněžka (polnisch Śnieżka, deutsch Schneekoppe, 1602 m), den höchsten Berg des Riesengebirges, der Sudeten und Tschechiens. Die Aussicht vom Gipfel und seinen Felsen ist unvergleichlich. Über den von Blockwerk und Verwitterungsschutt bedeckten Granitgipfel verläuft die polnisch-tschechische Grenze, die hier zugleich die Grenze der auf polnischer wie tschechischer Seite eingerichteten Riesengebirgs-Nationalparks bildet.

Vom schlesischen Wintersportplatz Karpacz (Krummhübel) führt ein Sessellift bis zur Kopa, vom böhmischen Ferienort Pec (Petzer) führt eine Gondelbahn bis ganz auf den höchsten Berg in »Rübezahls Reich«. Die Bergstationen sind beliebte Einstiegspunkte für Tages- und Mehrtageswanderungen auf dem Riesengebirgs-Kammweg. Dank der Bus- und Bahnverbindung zwischen Szklarska Poręba und Karpacz lassen sich die polnischen Lifte mit dem Kammwanderweg zu einer herrlichen zwei- bis dreitägigen Rundtour kombinieren. Generell bilden die Seilbahnen auf die Kopa und auf die Sněžka die Auffahrtsrouten für diejenigen, die den Kammweg von Ost nach West durchwandern.

Talorte: Im Norden Karpacz (Krummhübel, → Tour 26), im Süden Pec pod Sněžkou (Petzer, → Tour 18).

Ausgangspunkt: Das Gasthaus Schronisko Dom Śląski (Schlesierhaus) steht zwischen Melzer- und Riesengrund am aussichtsreichen Sattel Przełęcz pod Śnieżka (1394 m), der schmalsten Stelle des Riesengebirgs-Hauptkamms. Der Ausgangspunkt ist nicht mit öffentlichen Verkehrsmitteln erreichbar, doch fährt von Karpacz ein Sessellift auf die Kopa (1375 m), von dort sind es 15 Wanderminuten zum Schronisko Dom Śląski, das entsprechend rege frequentiert wird. Empfehlenswerte Zustiege und Kombinationsmöglichkeiten sind der bequeme Kammweg vom Šleské sedlo (Spindlerpass, 1198 m) via Słonecznik (Mittag-stein) zum Schronisko Dom Śląski (→ Tour 5), der steile Aufstieg von Pec durch den Riesengrund (→ Tour 18 und 19), der ebenfalls sehr steile Aufstieg von Karpacz durch den Melzergrund (→ Tour 28) und der vergleichsweise bequeme Aufstieg von Špindlerův Mlýn (Spindlermühle) durch den Weißwassergrund zur Luční bouda (Wiesenbaude, → Tour 16). Von der Luční bouda führt in gut 20 Min. die Markierung »blau« zum Schronisko Dom Śląski (Schlesierhaus). Von Pec fährt ein Sessellift bis auf die Sněžka (Schneekoppe, → Tour 18).

Höhenunterschied: 210 Höhenmeter.

Einkehr: Schronisko Dom Śląski (Schlesierhaus) am Ausgangspunkt, Schronisko Na Śnieżce und Česká bouda (Böhmische Baude) auf der Sněžka (Schneekoppe).

Vom **Schronisko Dom Śląski** (**1**, Schlesierhaus) folgt der rot markierte Kammweg einem steilen, steinigen, kettengesicherten Serpentinensteig,

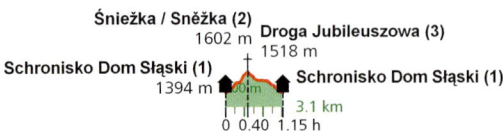

Śnieżka / Sněžka (2)
1602 m   Droga Jubileuszowa (3)
             1518 m
Schronisko Dom Śląski (1)
         1394 m   Schronisko Dom Śląski (1)

200m

3.1 km

0 0.40 1.15 h

dem sogenannten Zickzackweg, zur Kapelle und den Gasthäusern auf der **Sněžka** (**2**, polnisch Śnieżka, deutsch Schneekoppe). Dieser Steig ermöglicht wundervolle Blicke in den Obřy důl (Riesengrund) und in die Abstürze des Studniční hora (Brunnberg) sowie in den Kocioł Łomnicki (Melzergrund), auf Karpacz und weit nach Schlesien hinein. Wer diesen Steig als zu steil empfindet, kann im Nordhang auf den promenadenmäßigen **Droga Jubileuszowa** (Jubiläumsweg) ausweichen, dem unsere Abstiegsroute folgt: Vom Gipfel geht es auf dem rot markierten Kammweg abwärts in Richtung der Grenzbauden, bis links die blau markierte **Droga Jubileuszowa (3)** abzweigt. Diese Straße (kein öffentlicher Verkehr) wurde 1904 anlässlich des 25-jährigen Jubiläums des Riesengebirgsvereins in der Flanke des Gipfels angelegt; sie quert in sachtem Abstieg den Hang und nimmt kurz oberhalb des **Schronisko Dom Śląski (1)** den Kammweg auf.

Die Sněžka überragt inselartig gut 200 m den Hauptkamm des Riesengebirges. Das 55 x 43 m große Gipfelplateau bricht wandartig steil südwärts in den tschechischen Obřy důl und nordwärts in den schlesischen Kocioł Łomnicki ab, während es nach Osten weniger steil in den Lví důl (Löwengrund) abfällt. 1681 wurde eine erste Kapelle geweiht, um den Bergbewohnern zu demonstrieren, dass Riesen u. a. Wesen, die sich der sagenhaften Überlieferung zufolge auf diesem Gipfel aufhielten, ins Reich der Fabel gehörten. Der Boden der kreisrunden hölzernen »Koppenkapelle« ist heutzutage über und über bedeckt mit Münzen und Wunschzetteln, die Wanderer nach 800 bis 1000 Höhenmetern Anstieg zu Füßen einer Madonnenstatue deponieren. Bei idealen Sichtverhältnissen schweifte der Blick vor 100 Jahren bis zum Elisabethturm in Breslau (99 km), zum Weißen Berg bei Prag (121 km) und bis zum Erzgebirge (150 km), doch schon die Damaligen klagten über »die Undurchsichtig-

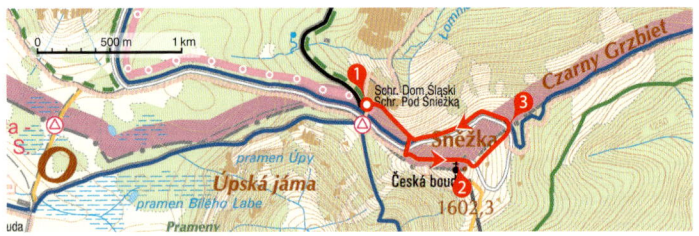

Die letzten Schritte zum Ziel: Auf dem Gipfel der Sněžka (Schneekoppe, früher auch Riesenkoppe genannt) steht die kreisrunde Koppenkapelle aus Holz. Die Weihe der ersten Kapelle (1681) war als Demonstration der römisch-katholischen Kirche gegen die mythischen Glaubensvorstellungen der Gebirgsbevölkerung gedacht.

keit der unteren Luftschichten«, die der Fernsicht enge Schranken zöge. Heute ist die Luft keineswegs »durchsichtiger«, gleichwohl ist die Rundschau phänomenal. Nach Westen schickt die Schneekoppe einen felsigen Kamm, der sich zwischen Melzer- und Riesengrund zum Schlesierhaus an der schmalsten Stelle des Riesengebirgs-Kamms hinabsenkt. Nach Osten schwingt sich der südseitig in den Löwengrund stürzende Riesenkamm (Obří hřben) zum Schmiedeberger Kamm mit dem Tafelstein; südseitig unterm Schmiedeberger Kamm öffnet sich das Aupatal; jenseits des Aupatals streicht ein Verbindungskamm südsüdostwärts zum Rehorngebirge. Ein großer Teil der Sudetenkette lässt sich überblicken: Hinter den sanften Rücken des Rabengebirges stehen festungsartig die Heuscheuer und die Gneiskuppel des Glatzer Schneebergs (98 km bis dort), dahinter spannen sich die Hochkämme des Altvaters (126 km), und im Westen zeigen sich die Rundungen des Isergebirges. Relieftafeln an den Aussichtskanzeln benennen die Punkte im Blickfeld.

Grenzbauden – Jelenka – Schneekoppe

Abmarsch von der Sněžka (Schneekoppe) zum Riesenkamm.

Auf der östlichen Etappe des Riesengebirgs-Kammwegs sind nacheinander die baumfreie Hochgebirgs-, die Knieholz- und die Waldzone zu erleben. Wer an den Grenzbauden startet, hat anfangs eine eher gemütliche Hangwanderung vor sich; erst die steilen, steinigen Anstiege zur Czarna Kopa (Schwarze Koppe) und zur Sněžka (polnisch Śnieżka, deutsch Schneekoppe) erfordern Kondition. Von polnischer wie von tschechischer Seite weist die rote Markierung die Route, bald auf dem gemeinsamen Kammweg. Wer auf tschechischer Seite aus dem Bus steigt, sieht das Ziel: Jenseits der Czarna Kopa spitzt die Sněžka hervor.

Talort: Malá Úpa (Kleinaupa, 1100 m), das höchstgelegene Bergdorf Tschechiens, ist Wintersportgebiet im Osten des Riesengebirges im Nationalpark Krkonošský an der Grenze zu Polen. Namensgeberin der weit verstreuten Gemeinde ist die am Riesengebirgskamm entspringende Malá Úpa (Kleine Aupa).

Ausgangspunkt: Pomezní Boudy (Grenzbauden, 1046 m) am Přełęcz Okraj (Grenzbaudenpass) ist das aus wenigen Häusern, einem Hotel, einem gebührenpflichtigen Großparkplatz und Pkw-Grenzübergang nach Polen bestehende Verwaltungszentrum von Malá Úpa. Bushaltestelle auf tschechischer Seite mit Verbindung nach Trutnov, Pec pod Sněžkou, Prag usw. Auf polnischer Seite Bus-Bedarfshaltestelle mit Verbindung nach Kowary.

Höhenunterschied: 740 Höhenmeter.

Einkehr: Chata Jelenka und auf der Schneekoppe.

Von den **Pomezní Boudy** (**1**, Grenzbauden) führt der rot markierte Kammweg durch den weitgehend entwaldeten Südhang des Kowarski Grzbiet (Schmiedeberger Kamm); der ei-

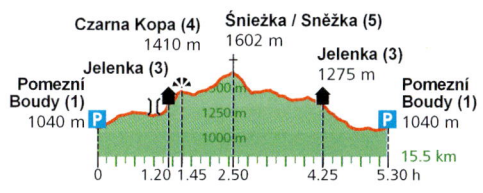

gentliche Kammweg – der auf dem Kamm verlaufende Wanderpfad – ist auf dieser Strecke blau markiert und vereinigt sich kurz vor dem **Soví sedlo** (**2**, polnisch Sowia Przełęcz, deutsch Eulenpass, 1164 m) mit unserem rot markierten Weg. Am Soví sedlo mündet die von Karpacz (Krummhübel) durch den Sowia Dolina (Eulengrund) heraufführende schwarze Route auf den Kammweg. Vom Soví sedlo geht es hinüber zur nahen **Emin pramen** (Emmaquelle), bei der die **Bouda Jelenka** (**3**), die ehemalige Emmaquellenbaude, zur Einkehr einlädt, ehe der Aufstieg auf die aussichtsreiche **Czarna Kopa** (**4**, Schwarze Koppe, 1411 m) beginnt. Nach Durchschreiten einer Senke beginnt die Aussichtswanderung auf dem **Obří hřeben** (Riesenkamm), gefolgt vom Schlussspurt zur **Sněžka** (**5**, → Tour 6).

Von der Sněžka führt die gelbe Markierung, in etwa der Sessellifttrasse folgend, steil und auf Stufen Richtung Pec (Petzer) hinab (→ Tour 18 und 19). An der Verzweigung **Nad Růžohorským** (**6**) beginnt der grün markierte Südhangpfad, der hoch über dem Lví důl (Löwengrund) zurück zur **Bouda Jelenka** (**3**) führt. An der Jelenka schließen wir uns der gelb markierten Žluta cesta an und kehren aussichtsreich zu den **Pomezní Boudy** (**1**) zurück.

Harrachsdorf – Mummelbaude – Elbquelle

Vom Kristallglas- und Wintersportort Harrachov führt diese bequeme Tal- und Höhenwanderung im Wechsel von Wald, Fels und Wasser durch den imposanten Mumlavský důl (Mummelgrund) auf den aussichtsreichen Riesengebirgs-Hauptkamm und zur Quellwiese der Elbe. Wer noch nie im Riesengebirge war: Diese Wanderung ist ein empfehlenswerter Einstieg.

Talort: Harrachov (Harrachsdorf, 686 m) ist der bedeutendste Wintersportort im westlichen Riesengebirge, der Čertova hora (Teufelsberg, Sessellift) ist Austragungsort von Weltcup-Skispringen. Die traditionsreiche Kristallglas-Stadt (Harrach'sche Glashütte, Glasmuseum) liegt im Mummeltal im Südwesten des tschechischen Krkonošský-Nationalparks.
Ausgangspunkt: Busbahnhof in Harrachov (680 m), Endstation von Buslinien aus fast ganz Tschechien. Beim Busbahnhof gibt es einen gebührenpflichtigen Großparkplatz. Harrachov ist auch Endstation der Bahnlinie Tanvald – Harrachov; der Bahnhof liegt ziemlich weit außerhalb.

Höhenunterschied: 740 Höhenmeter.
Einkehr: Mumlavská bouda (Mummelbaude), Vosecká bouda (Wosseckerbaude).
Varianten: 1) Auf dem Hauptkamm ist es nicht mehr weit bis zu den Śnieżne Kotły (Schneegruben, → Tour 2).
2) Von der Elbquelle sind es nur wenige Minuten zur Labská bouda (Elbfallbaude, → Tour 14), wo übernachtet werden kann.
3) Von der Pantschewiese kann man weitergehen zur Kotel (Kesselkoppe, → Tour 12) und zur Dvoračky (Hofbaude) und von dort durch das Ryzí potok (Seifenbachtal, → Tour 9) nach Harrachov zurückkehren; diese und die Schneegrubenvariante sind bei guter Sicht sehr zu empfehlen.

Vom Busbahnhof **Harrachov (1)** geht es im Mummeltal parallel zur Straße aufwärts am Großparkplatz vorbei zur Fußgängerüberführung nördlich der Mummelbrücke. Hier taucht die blaue Markierung in den Wald ein und folgt dem Tal hinauf zur **Mumlavská bouda** (2, Mummelbaude). Vor der Baude zweigt rechts der Weg zum **Mumlavský vodopád** (Mummelfall) ab. Vom Wasserfall führt ein gelb markierter Wurzelweg diesseits des Flusses aufwärts und mündet wenig später in den blau markierten Wirtschaftsweg, der im **Mumlavský důl** (Mummelgrund), einem von Gletschern geschaffenen Tal, quellwärts zieht. Zahlreich sind die sonnigen Rastplätze an den Fels- und

Der Mumlavský vodopád (Mummelfall) zählt zu den meistbesuchten Ausflugszielen im südlichen Riesengebirge, wo er den wasserreichsten Wasserfall bildet. Die Mummel stürzt hier über eine acht Meter hohe Granitstufe, an deren Fuß sich die zwei sagenumwobenen Čertova oka (Teufelsaugen) finden (eines davon unten in der Bildmitte). Dabei handelt es sich um kesselartige Vertiefungen, die im Granit der Flusssohle durch die strudelnde Bewegung von Wasser und Geröll entstanden sind (Bademöglichkeit).

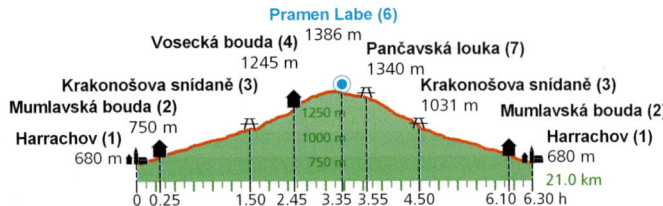

Pramen Labe (6) 1386 m
Vosecká bouda (4) Pančavská louka (7)
1245 m 1340 m
Krakonošova snídaně (3) Krakonošova snídaně (3)
Mumlavská bouda (2) 1031 m Mumlavská bouda (2)
Harrachov (1) 750 m Harrachov (1)
680 m 680 m
21.0 km
0 0.25 1.50 2.45 3.35 3.55 4.50 6.10 6.30 h

Wiesenufern des Flusses. Am Rastplatz **Krakonošova snídaně** (**3**, Rübezahls Frühstückshalle) zweigt links die gelbe Markierung auf einen steinigen Weg ab und gewinnt in recht steilem Anstieg die aussichtsreichen Almwiesen der **Vosecká bouda** (**4**, Wosseckerbaude).

Von der Vosecká bouda leitet zwar ein Hangweg direkt zur Elbquelle, aber wir wandern noch die wenigen Minuten zum Kamm hinauf, wo sich am Tvarožník (Quargstein) unvermittelt eine fantastische Aussicht öffnet: Links erhebt sich als westlicher Abschluss des Riesengebirgs-Hauptkamms die Szrenica (Reifträger), jenseite des Zackentals erkennen wir den Hohen Iserkamm, rechts spitzt aus dem Riesengebirgs-Hauptkamm der Veilchenstein hervor. Der rot markierte Kammweg steigt ostwärts sacht Richtung Łabski Szczyt (tschechisch Violík, deutsch Veilchenstein) an, bis an der Verzweigung **Česká budka** (**5**) die gelbe Markierung in die Elbwiese Labská louka, die Quellwiese der Elbe, abzweigt: Hier öffnet sich ein weites Hochland mit Borstgrasmatten und Legföhren, erneut bietet sich eine fantastische Aussicht besonders eindrucksvoll in den Elbgrund sowie in den Weißwassergrund und zu den beiden höchsten Bergen des Riesengebirges, Sněžka (Schneekoppe) und Studniční hora (Brunnberg). Diesseits des Studniční hora stößt als Teil des Böhmischen Kamms der Kozí hřbety (Ziegenrücken) vor; links davon schneidet der Weißwassergrund zwischen Haupt- und Böhmischem Kamm ein.

Von der **Pramen Labe** (**6**, Elbquelle) senkt sich die gelbe Markierung südwärts zum Rastplatz in der **Pančavská louka** (**7**, Pantschewiese, 1340 m), der Quellwiese der Pantsche mit Panoramatafel. Hier zweigt der blau markierte Wanderweg rechts zurück in den Mummelgrund ab. Bisher ist die Wanderung bequemen Wegen gefolgt, jetzt wechselt »blau« auf einen Pfad zwischen Legföhren, senkt sich steinig und wurzelig in die Fichtenwaldzone und sucht sich hoch über der Großen Mummel, einem der Mummel-

Die Quellwiese der Elbe bietet einen weiten Blick über das Hochland der sagenumwobenen Sieben Gründe. Hinten zeigt sich der Studniční hora (Brunnberg).

quellbäche, seinen Weg im Waldhang, teils in Serpentinen, teils auf einem Begangssteig. Nach diesem Abstieg empfängt uns am Rastplatz **Krakonošova snídaně (3)**, wo sich Große und Kleine Mummel vereinigen, der bekannte Mummelgrundweg. Auf diesem leitet die blaue Markierung bequem zurück nach **Harrachov (1)**.

Harrachsdorf – Hofbaude – Teufelsberg

Durch das stille Waldtal des Ryzí potok führt diese Wanderung zur aussichtsreichen Dvoračky (Hofbaude) und leitet mit weiten Panoramen über die Čertová hora (Teufelsberg) zurück.

Talort: Harrachov (Harrachsdorf, 686 m; → Tour 8).
Ausgangspunkt: Busbahnhof in Harrachov (680 m; → Tour 8).
Höhenunterschied: 600 Höhenmeter.

Einkehr: In Rýžoviště (Seifenbach), Dvoračky (Hofbaude).
Hinweis: Beim Abstieg von der Čertova hora ist die Benutzung des Sessellifts möglich.

Vom Busbahnhof **Harrachov (1)** geht es längs der Straße zur Mummel hinab und hinter der Brücke geradeaus aufwärts im Tal des Ryzí potok (Seifenbachtal) in das Dorf **Rýžoviště (2**, Seifenbach) am Ostfuß des Teufelsbergs. Hier wurden früher durch Ausseifen (Auswaschen) Erze und Gold gewonnen; die Goldwäscher gingen ihrer Arbeit unter anderem auf »Seifenflößen« nach. Zur Erinnerung daran, wem dieser Reichtum zu danken ist, heißt der grün markierte Wanderweg, der dem Tal aufwärts folgt, Krakonošová cesta (Rübezahlweg). Am Hotel Lesní zátiši enden das Dorf und der für den öffentlichen Verkehr freigegebene Teil der schmalen Straße, und die Krakonošová cesta taucht in grasreichen Fichtenwald, begleitet vom Rauschen des alten Goldwäscherbachs. Im Talschlussbereich schwingt die Krakonošová cesta rechts zur Wegespinne **Ručičky (3)** hinauf und zieht dann links mit Blick auf Rokytnice (Rochlitz) und den gegenüberliegenden Stráž (Wachfelsen, → Tour 11) weiter. Bald zeigen Skilifte und Schneisen an, dass das Wintersportgebiet an der Lysá hora (Kahlenberg) erreicht ist. Die Lysá hora mit ihren Knieholzbeständen, Enzianangewächsen und Anemonen liegt

Janova skála (Johannesfelsen) auf der Čertová hora.

in der Ruhezone des Nationalparks und darf nicht betreten werden – außer in der weißen Jahreszeit, wenn sich hier alles in einen Skizirkus verwandelt. Weiter zur **Dvoračky** (**4**, Hofbaude), wo in Topaussichtslage das Berghotel Štumpovka zur Einkehr einlädt. Nun erreicht der Rübezahlweg die Dvoračky-Almen (Hofbauden-Almen), die von der Belebung durch Liftdrähte verschont geblieben sind. Bei guter Sicht ist es sehr empfehlenswert, zum Kotel (Kesselkoppe, → Tour 12) weiterzuwandern.

Von der Dvoračky geht es auf demselben Weg zurück zur Wegespinne **Ručičky (3)**, wo die blaue Markierung die Routenführung übernimmt und geradeaus an einem Imbisskiosk vorbei dem Johannesweg durch die Wälder des Čertova plán (Teufelsplan) zur **Pension Chata Studenov (5)** am Studená (Kaltenberg) folgt. Hier zweigt die blaue Markierung rechts auf den Čertová hora (Teufelsberg) mit der aussichtsreichen **Janova skála** (**6**, Johannesfelsen) ab. An der Bergstation des **Teufelsberg-Lifts (7)** beginnt der Abstieg durch die von Sprungschanze und Skipisten geprägte Nordflanke (grüne Markierung) – überwiegend mit hervorragender Aussicht. Nach Überqueren der **Mummel (8)** nahe der Lift-Talstation mündet der grüne in den blauen Wanderweg: Dieser führt rechts zurück zum Ausgangspunkt am Ortsrand von **Harrachov (1)**.

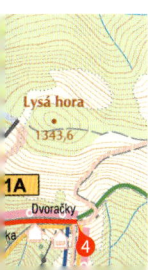

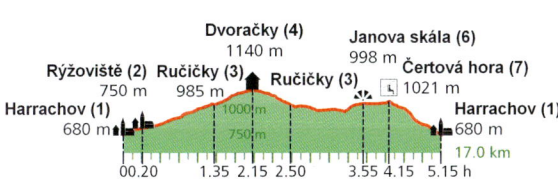

Oberrochlitz – Hüttenbachfall – Hofbaude

Diese Wanderung verläuft teils im Wald, teils in aussichtsreichem Gelände. Höhepunkt ist die Aussicht von den Dvoračky (Hofbauden). Bei klarer Sicht ist es empfehlenswert, von den Dvoračky zum Kotel (Kesselkoppe) weiterzuwandern.

Talort: Rokytnice nad Jizerou (Rochlitz an der Iser, 520 m) ist Fremdenverkehrs- und Wintersportort im südlichen Riesengebirge. Die lang gestreckte Stadt in den Tälern von Hüttenbach und Iser ist umgeben von einem Kranz von Bergen, die wie die Kotel im tschechischen Krkonošský-Nationalpark liegen und durch aussichtsreiche Höhenwege miteinander verbunden sind.

Ausgangspunkt: Gebührenpflichtiger Parkplatz (620 m) am Hotel Starý mlýn in Horní Rokytnice (Oberrochlitz). Auf der Durchgangsstraße in Rokytnice aufwärtsfahrend, weist kurz vor den Serpentinen in Horní Rokytnice ein Schild links zum Parkplatz.
Höhenunterschied: 520 Höhenmeter.
Einkehr: Hotel Starý mlýn, Dvoračky (Hofbaude).

Vom Parkplatz am Hotel Starý mlýn (Alte Mühle) in **Horní Rokytnice** (**1**, Oberrochlitz) folgt die blaue Markierung dem **Huťský potok** (Hüttenbach) aufwärts an der barocken Kapelle Kaplicka Rokytno vorbei, eine Zeitlang zwischen Feldern und Wiesen, dann im Wald. Der Name des Bachs erinnert an

die alte Glashütte von Rochlitz. Bald ist zwischen Buchen der **Huťský vodopád** (**2**, Hüttenbachfall) erreicht: Oberhalb wird das Wasser in einem Becken gestaut, man muss hinaufsteigen und die Schleuse öffnen, dann rauscht der Huťský vodopád durch die Felsen. Neben dem Bach zieht der blau markierte Weg weiter aufwärts, während sich in den jetzt anstelle der Buchen begleitenden Fichtenwäldern reiche Blaubeerfelder ausbreiten. Der Weg wird wurzelig und steiniger, an der T-Kreuzung am Ende

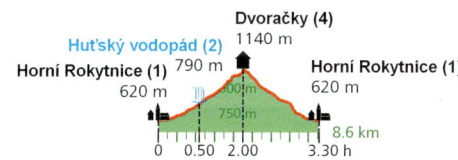

Das Rathaus im Ortszentrum von Rokytnice nad Jizerou (Rochlitz an der Iser).

führt die blaue Markierung rechts weiter an der Rodung der Huťská bouda vorbei zur Kreuzung **Sedlo pod Dvoračkami (3)**, wo der Schlussanstieg zur **Dvoračky (4**, Hofbaude) beginnt. Dort lädt in Topaussichtslage das Berghotel Štumpovka zur Einkehr ein.

Von der Baude geht es aussichtsreich westwärts, bis am Rand der Alm die gelbe Markierung links abzweigt. Vom Belag her ist der Weg bequem, aber er ist steil. An seinem Rand wächst stellenweise prachtvoller Buchenwald; viele Buchen und Fichten zeigen ein ausgeprägtes Stammknie, hervorgerufen durch Hangrutschungen und Belastung durch Schnee. Wenn sich die gelbe Markierung an der Verzweigung **Nad Světlankou (5)** auf dem ersten Hangweg rechts wendet, ge-hen wir auf dem Teerweg ohne Markierung gera-deaus weiter im Wald und bald mit weiter Aus-sicht nach **Horní Rokyt-nice (1)** zurück.

Jablonetz – Wachstein – Franzenthal

Diese Wanderung ist bequem, sehr aussichtsreich und in der bäuerlich geprägten Wiesenflur geradezu idyllisch. Nach dem Zweiten Weltkrieg wurde der Name Františkov ein Synonym für die gefahrvolle Flucht Tausender Tschechen aus der kommunistischen Beneš-Diktatur: Von Fluchthelfern, den »Königen des Böhmerwaldes«, wurden sie auf versteckten Pfaden zur Grenze geleitet.

Talort: Jablonec nad Jizerou (Jablonetz an der Iser, 450 m) liegt im Isertal am Südwestfuß des Riesengebirges, mehr als die Hälfte der Streusiedlungen der Stadt liegen im Krkonošský-Nationalpark, der hier im Hejlov-Bergzug bis an die Iser reicht.
Ausgangspunkt: Busbahnhof (450 m)

im Zentrum von Jablonec gegenüber der Post an der Durchgangsstraße von Jilemnice nach Harrachov (Parkmöglichkeit).
Höhenunterschied: 580 Höhenmeter.
Einkehr: Jablonec, Hotel Na Stráží, Pension Omega, Bratrouchov, Buřany (kurzer Abstecher).

Vom Busbahnhof in **Jablonec (1)** leitet die rote Markierung längs der Straße Richtung Harrachov kurz bergwärts, zweigt nach Queren der Eisenbahngleise rechts ab, hält weiter aufwärts, zweigt wiederum rechts ab, wendet sich hier (Einfahrt) sofort links und taucht in den Wald ein. Nach kurzer Waldwanderung weiten sich die aussichtsreichen Blumenwiesen des Höhenweilers **Končiny**, rechts fällt der Blick über das Franzenstal hinweg auf den Wiesen- und Waldrücken, über den die Rückwanderung erfolgt. An einer Biegung des Wegs steht zwischen zwei uralten Linden ein Kreuz, wenig später beginnt an

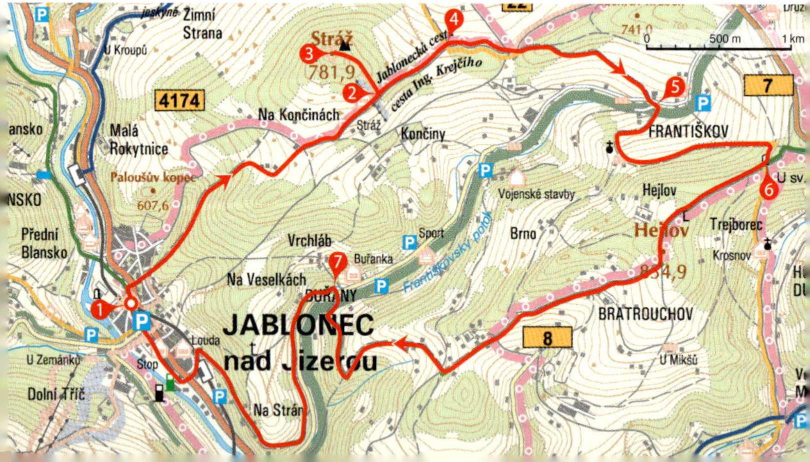

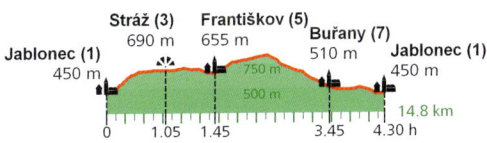

Vom Stráž (Wachstein) fällt der Blick über das Rochlitztal hinweg auf den Böhmischen Kamm. Rechts rundet sich der Kotel (Kesselkoppe), links daneben die von Wintersportrodungen gezeichnete Lysá hora (Kahlenberg), an die links der Čertova plán (Teufelsplan) anschließt. Unterhalb des Kotel zeigt sich die Dvoračky (Hofbaudenalm).

der Verzweigung **U chata na Stráži (2)** der Waldweg zum geländergesicherten **Stráž (3**, Wachstein).

Vom Aussichtsfelsen zurück zur Verzweigung **U chata na Stráži (2)**: Der rot markierte Wanderweg führt ostwärts weiter mit Blick über das Tal. An der bald erreichten Verzweigung **Pod Stráží (4)** übernimmt die gelbe Markierung die Routenführung und leitet in den Wiesen zum Dorf **Františkov (5**, Franzenthal) im Quellbereich des Tals; nach Überqueren des Bachs lädt das Restaurant U Hásků zur Einkehr ein. Vom Restaurant führt die gelbe Markierung am Waldrand aufwärts und zuletzt rechts zur Verzweigung **U Svateho Jana (6)**, wo die grüne Markierung die Routenführung übernimmt und rechts über die teils bewaldete, teils aussichtsreiche Höhe Hejlov führt. Der Blick fällt zurück auf den aus dieser Perspektive recht kleinen Wachfelsen-Berg, während am Horizont der Ještěd (Jeschken) steht. Von der Hejlov-Höhe führt die grüne Markierung passagenweise asphaltiert am Weiler Bratrouchov vorbei und senkt sich in das Dorf **Buřany (7)**; wer hier wenige Minuten aufwärts geht, gelangt zu einer Einkehrmöglichkeit (mit Sonnenterrasse). Nach kurzer Straßenpassage zweigt die grüne Markierung rechts auf einen Weg ab und leitet zurück nach **Jablonec (1)**.

Oberschüsselbauden – Elbfallbaude – Vrbatova bouda

Zu den Höhepunkten dieser fantastischen Wanderung zählen der Blick von den Harrachovy kameny (Harrachsteinen) in die Kotelní jáma (Kesselgruben), von der Růženčina zahrádka (Rübezahls Rosenhag) zum Riesengebirgs-Hauptkamm, das Panorama in der Pančavská louka (Pantschewiese), der Felsentiefblick in die Śnieżne Kotły (Schneegruben), die majestätische Rundschau vom Vysoké Kolo (Hohes Rad), die Rast am Pantschefall über dem Elbgrund und der Abschlusstiefblick auf dem sagenumwobenen Krkonoš (Goldhöhe).

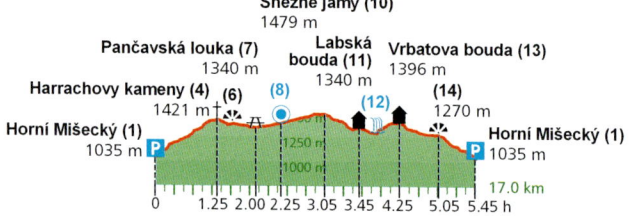

Talort: Vítkovice v Krkonoších (Witkowitz, 754 m) ist Wintersportort im Tal der Jizerka (Kleinen Iser) im südlichen Riesengebirge. Die Haupski- und Wandergebiete der Gemeinde liegen im Krkonošský-Nationalpark rund um die Horní Mísečky (Schüsselbauden) am Medvědín (Bärhübel, 1235 m), der mit Špindlerův Mlýn (Spindlermühle) durch einen Sessellift verbunden ist.
Ausgangspunkt: Bushaltestelle und gebührenpflichtiger Großparkplatz Horní

Mísečky (1000 m) im gleichnamigen Ferien- und Wintersportort oberhalb von Vítkovice; Busanbindung ab Vítkovice bzw. ab Jilemnice. Die zur Vrbatova bouda weiterführende Straße ist ab Horní Mísečky für den öffentlichen Verkehr gesperrt, in der Sommerhauptsaison fahren jedoch Busse weiter bis zur Vrbatova bouda.
Höhenunterschied: 670 Höhenmeter.
Einkehr: Horní Mísečky, Vrbatova bouda, Labská bouda (Elbfallbaude).

Von der Wanderwegeübersichtstafel in **Horní Mišecký** (**1**, Oberschüsselbauden) führt die gelbe Markierung durch die Wiesen nordwärts zum Wald, quert an der Verzweigung **Nad Jelimnickou boudou (2)** die für den öffentlichen Verkehr gesperrte Zufahrt zur Vrbatova bouda und folgt einem schmalen Weg bzw. Pfad im Fichtenhochwald links aufwärts. Bald tritt der Wald zurück und nun begeistert die weite Aussicht auf die Bergwelt des südlichen Riesengebirges. Wo die gelbe Markierung an der Wegeverzweigung **Nad Kotelní Jámou** (**3**, 1402 m) bei der Herberge **Vrbatova bouda** auf die rote Markierung trifft, folgen wir dieser Markierung links Richtung Dvoračky. Mit hervorragender Aussicht zieht der rot markierte Weg durch die Legföhrenmatten, in denen Bunker an die Hitler-Zeit erinnern, und erreicht die **Harrachovy kameny** (**4**, 1421 m), wollsackverwitterte Klippen hoch über den **Kotelní jáma**. Die Kotelní jáma sind eiszeitliche Kare, in denen Anemonen, Nelken, Lilien und Steinbrechgewächse eine Heimat gefunden haben. Die alles überragende Kotel (Kesselkoppe) liegt in der Ruhezone des Nationalparks, der Gipfel darf ebenso wenig wie die Kotelní jáma betreten werden.

Von den Harrachovy kameny führt der rot markierte Wanderweg zum Rastplatz-Sattel **Pod Kotlem (5)** hinab und hält dann im Kotel-Hang aufwärts (Sitzbänke) zum vorgeschichtlichen Steinkreis **Růženčina zahrádka (6)**. Hier bietet sich eine außergewöhnlich harmonische Aussicht auf den Hochkamm mit Szrenica (Reifträger), Łabski Szczyt (tschechisch Violík, deutsch Veilchenstein) und Vysoké Kolo (Hohes Rad).

Vom Steinkreis kehren wir zurück in den Sattel **Pod Kotlem (5)**, zweigen dort mit der grünen Markierung links ab und wandern Richtung Pančavská louka mit schönem Blick mummeltalabwärts auf den Wintersportort Harrachov und auf die Rundungen des Isergebirges, dann ostwärts zur Schneekoppe, bis der Rastplatz in der **Pančavská louka (7)** erreicht ist. In der nassen Wiese

Die Wielki Kocioł (Große Schneegrube), Anfang Juni.

sammeln sich die Quellbäche der Pantsche, deren Wasserfall wir nachher sehen werden. Von der Pančavská louka leitet die gelbe Markierung zur **Pramen Labe (8)**, der Quelle der Elbe, und in sachtem Anstieg zur Verzweigung **Česká budka (9)** auf den Riesengebirgs-Hauptkamm. Der rot markierte Kammweg führt aussichtsreich rechts am Granitporphyr-Gipfel Łabski Szczyt vorbei zur polnischen Fernseh- und Rundfunkstation in der ehemaligen Schneegrubenbaude an der **Sněžné jámy** (**10**, Schneegruben-Verzweigung), wo sich eindrucksvolle Tiefblicke in die Śnieżne Kotły (Schneegruben) bieten. Hier zweigt die gelbe Markierung ab und führt steinig durch Legföhrenbestände zur **Labská bouda (11**, Elbfallbaude) am Elbfall.

Von der Labská bouda folgt die rote Markierung der Abbruchkante über dem Labský dúl (Elbgrund): an der Verzweigung links (geradeaus) auf den Pfad

Der obere Ansatz des Pančavský vodopád (Pantschefall), der 148 m durch die Felswände in den Elbgrund stürzt. Da er aber nur wenige Meter oberhalb entspringt, führt er nicht viel Wasser.

wechseln, nicht auf dem Asphaltweg bleiben! Der Panoramapfad an der Abbruchkante bietet Ausblicke zurück zum Łabski Szczyt und zum Vysoké Kolo, sowie hinab in den Grund mit den Mäandern der Elbe. Der Pfad passiert eine geländergesicherte Felskanzel mit Schwebetiefblick, dann ist der **Pančavský vodopád (12**, Pantschefall) erreicht; hier irgendwo in den Felswänden unterhalb öffnet sich Rübezahls Schatzkammer, eine sagenumwobene Höhle. Am Pančavský vodopád verläßt die rote Markierung die Abbruchkante und leitet zur **Vrbatova bouda (13)** hinauf. Von der Baude folgt die rote Markierung eine Zeitlang der für den öffentlichen Verkehr gesperrten Zufahrtsstraße abwärts und zweigt schließlich auf den Waldkamm des Krkonoš hinauf ab, wo an der Aussichtsstelle **Šmidová vyhlídka (14**, Schmidt-Blick) Bänke und Tische zur Rast einladen (Blick über den Elbgrund hinweg auf den Riesengebirgs-Hauptkamm bis zur Schneekoppe, Panoramatafel).

Vom Šmidová vyhlídka führt die rote Markierung in sachtem Abstieg durch den Wald, passiert die »gelb«-Abzweigung zum Sesselliftberg Medvědín (Bärhübel) und zieht dann steiniger und wurzeliger im Wald abwärts. Der Weg mündet schließlich in die Zufahrt zur Vrbatova bouda und folgt ihr zur bekannten Verzweigung **Nad Jelimnickou boudou (2)**: Hier geht es links mit der gelben Markierung hinab zum Ausgangspunkt in **Horní Mišecký (1)**.

Benetzko – Heidelberg

Diese bequeme Panorama- und Waldwanderung führt auf den Přední Žalý (Heidelberg), dessen Aussichtsturm eine hervorragende Rundschau auf das südliche Riesengebirge, auf Isergebirge, Jeschkengebirge, das nordböhmische Vorland und auf weite Partien der Sudetenkette bietet.

Talort: Benecko (deutsch Benetzko, 790 m) ist Ferien- und Wintersportort im Süden des Riesengebirges, nordwestlich von Vrchlabí. Rund zwei Drittel des Gemeindegebiets liegen im Krkonošský-Nationalpark, darunter der aussichtsturmüberhöhte Přední Žalý.

Ausgangspunkt: Bushaltestelle Benecko pošta (790 m) beim gebührenpflichtigen Großparkplatz in Benecko. Busanbindung ab Vrchlabí und Jilemnice.
Höhenunterschied: 300 Höhenmeter.
Einkehr: Zahlreiche Möglichkeiten in Benecko, auch während des Aufstiegs.

Schon am Ausgangspunkt in dem sonnigen Höhendorf Benecko bietet sich eine hervorragende Aussicht auf das Riesengebirge mit der Kesselkoppe und den Kesselgruben. Von der Bushaltestelle am Großparkplatz in **Benecko (1)** geht es kurz auf der Straße aufwärts, bis die rote Markierung rechts auf einen für den öffentlichen Verkehr gesperrten Asphaltweg einbiegt und zwischen Häusern aussichtsreich bergwärts hält. Benecko, einst Holzhauer- und Hauswebersiedlung, ist völlig vom Fremdenverkehr geprägt. Die rote Markierung trifft bei einem Hotel am oberen Ortsrand wieder auf die Straße, folgt dieser wenige Schritte nach links und biegt rechts auf einen Weg ab, der zu einer Verzweigung am Waldrand führt. Bis zum Eintritt in den Wald ist die Wanderung so aussichtsreich, dass ein Aussichtsturm nicht nötig ist: Zu unseren Füßen entrollt sich die vielgestaltige Landschaft Nordböhmens, im Wes-

Blick vom Höhendorf Benecko (Benetzko) zum Kotel (Kesselkoppe).

ten steht am Horizont der Ještěd (Jeschken). An der Wegeverzweigung wechselt die rote Markierung auf die »Bucharova cesta«, die im Wald den steinernen Aussichsturm auf dem **Přední Žalý** (**2**, 1019 m) gewinnt. Im Westen ist wieder der spitze Ještěd bei Liberec zu erkennen, im Nordwesten zeigen sich die runden Berge des Isergebirges mit Jizera (Sieghübel), Smrk (Tafelfichte) und Stóg Izerski (Heufuder), bei Harrachov zeigt sich die Čertova hora (Teufelsberg). Ganz im Norden auf dem Hauptkamm des Riesengebirges sind – von links nach rechts – die ehemalige Schneegrubenbaude beim Vysoké Kolo (Hohes Rad), die Śmielec (Sturmhaube) und der Mädelkamm zu sehen, im Nordosten schließlich die Sněžka (Schneekoppe). Markante Erhebung im Osten ist die Rundung der Černá hora (Schwarzenberg). Noch viele weitere Berge und viele Orte sind zu sehen, und wer alles lokalisieren will, benötigt eine große Karte.

Vom Přední Žalý führt die rot markierte »Bucharova cesta« grob nordwärts über den Kamm, der an einigen Stellen von Waldschäden betroffen und sehr aussichtsreich ist. Nach Osten fällt der Kamm steil ins Elbtal ab, an seinem Westfuß fließt die Jizerka (Kleine Iser). Während die »Bucharova cesta« dem Kamm weiter bis Horní Mísečky (Schüsselbauden), dem Ausgangspunkt von Tour 12, folgt, verlassen wir den Kammweg an der Wegespinne **Rovinka (3)**. Dort zweigt die grüne Markierung links auf einen Asphaltweg ab und leitet zurück zum Ausgangspunkt im Wintersport- und Luftkurort **Benecko (1)**.

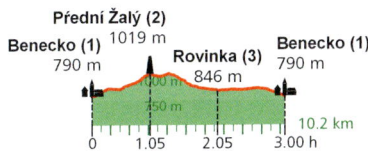

Spindlermühle – Elbfallbaude – Vrbatova bouda

Durch den von mächtigen Felswänden flankierten Labský důl (Elbgrund) führt diese Wanderung zur Quelle der Elbe. Während die Talwanderung bequem ist, ist der Aufstieg zur Labská bouda (Elbfallbaude) recht steil; danach erwartet uns ein wunderschöner Aussichtsspaziergang.

Talort: Špindlerův Mlýn (Spindlermühle, 710 m; → Tour 4).
Ausgangspunkt: Busbahnhof (710 m) am Ortseingang von Špindlerův Mlýn kurz vor der Elbbrücke; hier findet sich auch ein gebührenpflichtiger Großparkplatz. Špindlerův Mlýn wird von Bussen aus fast ganz Tschechien angefahren.

Höhenunterschied: 790 Höhenmeter.
Einkehr: Špindlerův Mlýn, Myslivna, Labská bouda (Elbfallbaude), Vrbatova bouda.
Hinweis: Die Rundwanderung kann bei Benutzung des Sessellifts Medvedín – Špindlerův Mlýn um etwa 1 Std. (4 km) abgekürzt werden.

Vom Parkplatz/Busbahnhof am Ortseingang von **Špindlerův Mlýn (1)** geht es kurz längs der Zufahrtsstraße Vrchlabská aufwärts, bis vor der Elbbrücke links die von Einkehrmöglichkeiten gesäumte Promenade Harrachova cesta abzweigt, auf der die blaue Markierung dem Fluss aufwärts zum **Medvedín-Sessellift (2)** folgt. Die Elbe durchbricht auf diesem Wegabschnitt den Böhmischen Kamm zwischen Medvedín (Bärhübel) und Kozí hřbety (Ziegenrücken). Bei der Verzweigung **Pod Dívčí Lávka (3)** am Mädelsteig vereinigen sich das Weißwasser (Bílé Labe) und die etwas wasserärmere Elbe zur eigentlichen Elbe. Die blaue Markierung führt diesseits der Elbe weiter aufwärts, jetzt im **Labský důl**, einem der sagenumwobenen Sieben Gründe zwischen Riesengebirgshaupt- und Böhmischem Kamm. Trotz aller Bändigungsmaßnahmen sind einige Flussstrecken noch naturbelassen und wild. Dass kein Fels- und Wurzelpfad durch den Labský důl führt, ist dem Grafen Harrach zuzuschreiben, der hier 1879 einen »Wagenweg«, die heutige »Harrachova cesta«, anlegen ließ. Von links eilen der Elbe die kaskadenreichen Bäche Medvědí potok (Bärenbach), Dvorský potok (Hofbach) und Pudlava

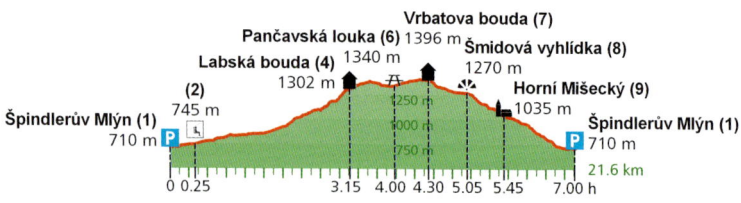

Die Elbquelle deckt Ende Mai noch der Schnee.

(Pudelbach) zu, während sich gegenüber die Flanken, Wände und Felsabstürze des Krkonoš (Goldhöhe) erheben. Der Name Goldhöhe ist auf den
Glimmerschiefer zurückzuführen, die Sagen berichten von Rübezahls
Schatzkammer in diesem »goldenen« Berg. Weiter oben verlässt der blau
markierte Wanderweg den Uferbereich der durch die Wiesen mäandrieren-
den Elbe, vom Krkonoš stürzt als silberner Faden der Pančavský vodopád
(Pantschefall) herab. Wasserreicher als dieser ist in der Regel der Labský
vodopád (Elbfall); hier tost die Elbe nur knapp 1 km unterhalb ihres Quellge-
biets 45 m durch den obersten Teil der Labská rokle (Elbschlucht). Unterhalb
des Wasserfalls stürzt sie weitere 200 Höhenmeter hinab in den Elbgrund.
Oberhalb der Serpentinen neben dem Labský vodopád erreicht der Weg die
Labská bouda (4); sie war bis zum Zweiten Weltkrieg eine der meistbesuchten Bauden auf der böhmischen Seite des Riesengebirges. Als die Baude
1965 abbrannte, wurde sie durch den heutigen Bau ersetzt.
Von der Labská bouda leitet die Elbwiese zum **Pramen Labe (5)**, der Elbquelle. Den Quelltopf eines der größten Ströme Europas fasst ein Betonring;
daneben finden sich die Wappen der Städte, durch die die Elbe fließt.
Von der Elbquelle senkt sich die gelbe Markierung südwärts zum Rastplatz in
der **Pančavská louka (6**, Pantschewiese), der Quellwiese der Pantsche

(Panoramatafel). Hier zweigt die gelbe Markierung schräg links hinauf ab und führt fahrradfähig zur **Vrbatova bouda (7)**, wo wir am Kreisel wieder auf die rote Markierung treffen. Sie folgt eine Zeitlang der für den öffentlichen Verkehr gesperrten Zufahrtsstraße abwärts und zweigt schließlich auf den Waldkamm des Krkonoš hinauf ab, wo an der Aussichtsstelle **Šmidová vyhlídka** (**8**, Schmidt-Blick) Bänke und Tische zur Rast einladen (Blick über den Elbgrund hinweg auf den Riesengebirgs-Hauptkamm bis zur Schneekoppe, Panoramatafel).

Vom Šmidová vyhlídka führt die rote Markierung in sachtem Abstieg durch den Wald, passiert die »gelb«-Abzweigung zum Sesselliftberg Medvědín (Bärhübel) und leitet rechts hinab in den Höhenort **Horní Mišecký (9)**. Hier setzt die rote Markierung zum Schlussspurt nach **Špindlerův Mlýn (1)** im Elbtal an.

Spindlermühle – Weißwasserbaude – Spindlerbaude

In den aussichtsreichen Steilhängen über Elb- und Weißwassergrund führt diese Wanderung zur zentralen Passhöhe des Riesengebirges. Auf die Kammwanderung über die Dívcí kameny (polnisch Šlaskie Kamienie, deutsch Mädelsteine) zum Sedlo nad Martinovkou (polnisch Czarna Przełęcz, deutsch Agnetendorfer Pass) folgt der Abstieg über die Martinová bouda und die Medvědí bouda (Martins- und Bärengrundbaude).

Talort: Špindlerův Mlýn (Spindlermühle, 710 m; → Tour 4).
Ausgangspunkt: Busbahnhof (710 m) am Ortseingang von Špindlerův Mlýn kurz vor der Elbbrücke; hier findet sich ein gebührenpflichtiger Großparkplatz.

Höhenunterschied: 850 Höhenmeter.
Einkehr: Špindlerův Mlýn, Bouda Bílé Labe, Erlebachova, zahlreiche Bauden am Spindlerpass, Petrova bouda, Martinová bouda, Medvědí bouda, Kiosk U Dívcí Lávkí, Restaurant Myslivna.

Vom Parkplatz bzw. Busbahnhof **Špindlerův Mlýn (1)** führt die Zufahrtsstraße Vrchlabská über die Elbbrücke ortseinwärts zum Straßendreieck bei der Post. Hier zweigen gelbe und grüne Markierung schräg rechts hinauf in die steile Straße (Okružní) ab Richtung Bouda Bílé Labe. Beim Blick zurück bietet sich während des Aufstiegs an der Kirche vorbei eine eindrucksvolle Aussicht. Am Waldrand geht es schräg links hinauf zum fahrradfähigen Schneeschuhweg »**Dřevařská cesta**« (2), der im elbseitigen Steilhang des Kozí hřbety (Ziegenrücken) zuerst hoch über dem Elbtal, dann über dem Důl Bílého Labe (Weißwassergrund) durch den Hang führt. Entwaldungsbedingt ist der Weg so aussichtsreich, dass sich nahezu die gesamte weitere Route überblicken lässt. Nach kurzem Zwischenanstieg senkt sich der Weg zur kleinen **Bouda Bílé Labe** (3, Weißwasserbaude) hinab. An der Baude überquert der gelb markierte Weg das Weißwasser (Bílé Labe = Weiße Elbe) und zieht auf einem Fels- und Wurzelpfad kurz neben der **Čertova struha** (Teufelsbach) in den **Čertův důl** (Teufelsgrund) hinauf. Gleich darauf links ab, führt er auf einem Fels- und Wurzelpfad aufwärts und stößt dann in der aussichtsrei-

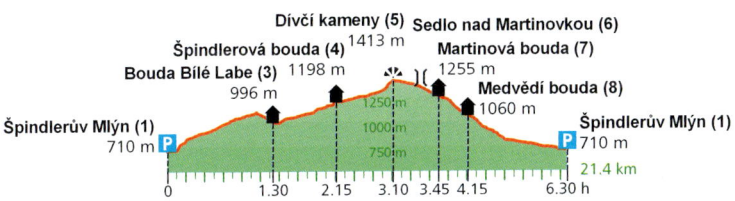

chen Entwaldungs- und Wiederaufforstungszone auf einen Wirtschaftsweg, der Richtung Špindlerová bouda weiterführt. Am Šleské sedlo (Spindlerpass) gibt es mehrere Einkehr- und Übernachtungsmöglichkeiten, die bekannteste ist die **Špindlerová bouda** (**4**, Spindlerbaude), bei welcher der Bus nach Špindlerův Mlýn hält. Von der Špindlerová bouda führt der rot markierte Kammweg wie bei Tour 4 an der **Petrova bouda** (Peterbaude) vorbei zu den aussichtsreichen **Dívčí kameny (5)** und den **Mužké kameny** (Mannsteine) und hinab in den **Sedlo nad Martinovkou (6)**. Dort zweigt die blaue Markierung links ab und führt hinab zur **Martinová bouda (7**, 1244 m) auf dem Rücken, den das Vysoké Kolo (Hohe Rad) zwischen Martinův důl (Martinsgrund) und Medvědí důl (Bärengrund) nach Südosten schickt.

Von der Martinová bouda leitet »grün« hinab zur **Medvědí bouda (8**, Bärengrundbaude), in deren Gartenrestaurant unter alten Laubbäumen noch einmal gerastet werden kann. Dann senkt sich der grüne Wanderweg steil in den Martinův důl und trifft an der Kurve Medvědí koleno (Bärenknie) auf die für den öffentlichen Verkehr gesperrte Straße Špindlerův Mlýn – Špindlerová bouda; wer sich an der Špindlerová bouda die Busabfahrtszeiten gemerkt hat, kann hier auf den Bus warten (Bushaltestelle). Von der Kurve Medvědí koleno folgt die grüne Markierung der Straße kurz abwärts zur Bushaltestelle vor dem Weißwasser, wechselt rechts auf dem Mädelsteg über die Elbe und mündet an der Verzweigung **Pod Dívčí Lávka (9)** in den blauen Wanderweg: Er folgt der Elbe talwärts zurück zum Ausgangspunkt in **Špindlerův Mlýn (1)**.

Der Důl Bílého Labe (Weißwassergrund) war bis weit ins 19. Jahrhundert eines der urtümlichsten und unwegsamsten Täler des Riesengebirges – an einigen Stellen ist er dies noch heute.

16 Špindlerův Mlýn – Luční bouda

6.00 Std.

Spindlermühle – Wiesenbaude

Diese teils bequemen Wegen, teils lawinengefährdeten Fels- und Wurzelsteigen folgende Wanderung durch den Weißwassergrund zur Luční bouda (Wiesenbaude) bietet in den Hochlagen Aussichten vom Feinsten. Bei schönem Wetter sind die Übernachtung in der Wiesenbaude und der Abstecher zur Sněžka (polnisch Śnieżka, deutsch Schneekoppe) zu empfehlen.

Talort: Špindlerův Mlýn (Spindlermühle, 710 m; → Tour 4).
Ausgangspunkt: Busbahnhof (710 m) am Ortseingang von Špindlerův Mlýn.
Höhenunterschied: 750 Höhenmeter.
Einkehr: Špindlerův Mlýn, Restaurant Myslivna, Kiosk U Dívčí Lávky, Bouda Bílé Labe, Luční bouda.
Variante: Für die Rundtour mit Abstecher von der Wiesenbaude zur Schneekoppe benötigt man 7–8 Std. (21 km, Höhenunterschied 1000 m).

Vom Parkplatz bzw. Busbahnhof am Ortseingang von **Špindlerův Mlýn (1)** geht es wie bei Tour 14 elbaufwärts auf der Promenade Harrachova cesta, vorbei am **Medvědín-Sessellift (2)** und zur Verzweigung **Pod Dívčí Lávka (3)** am Mädelsteg: Hier zweigt die blaue Markierung rechts ab und führt im Důl Bílého Labe (Weißwassergrund) aufwärts. Durch den urtümlichen Dul Bílého Labe, den Gletscher zwischen Riesengebirgshauptkamm und Kozí hřbety (Ziegenrücken) in den Granit gehobelt haben, wurde um 1900 ein Wa-

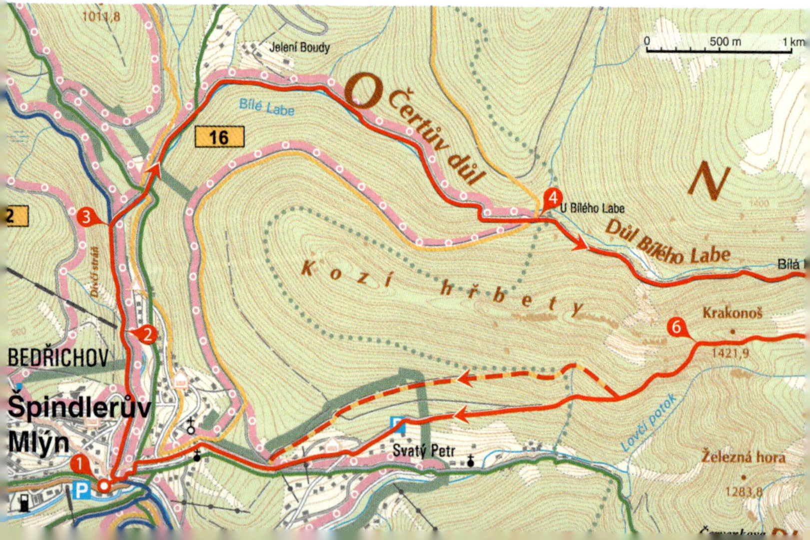

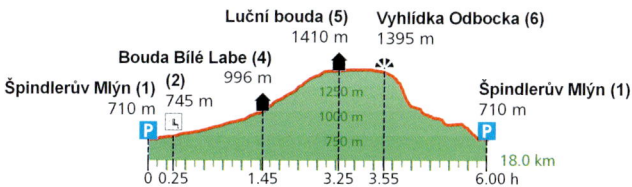

Lučni bouda (5)
1410 m
Vyhlídka Odbocka (6)
1395 m
Bouda Bílé Labe (4)
996 m
Špindlerův Mlýn (1)
710 m
(2)
745 m
Špindlerův Mlýn (1)
710 m
18.0 km
0 0.25   1.45   3.25 3.55   6.00 h

genweg gebaut und Dämme wurden angelegt, um die Wildheit des »weißen Wassers« zu bändigen. Diesem Weg folgt die blaue Markierung aufwärts zur **Bouda Bílé Labe** (**4**, Weißwasserbaude), wo der Čertův důl (Teufelsgrund) einmündet. Von der Baude zieht ein winters wegen Lawinengefahr gesperrter Steig – weiterhin blau markiert – steil und steinig in die weite Landschaft der **Bílá louka** (Weiße Wiese) zwischen dem Riesengebirgs-Hauptkamm und dem Böhmischen Kamm hinauf. In der Bílá louka, die weitflächig unter Naturschutz steht, sammeln sich die Quellbäche des Weißwassers. Mitten in der Wiese lädt die **Lučni bouda** (**5**) zur Einkehr ein. Sie ist eine der ältesten Riesengebirgsbauden (1625 erstmals erwähnt) und verfügt über mehr als 300 Betten. Heute ist der Grat des **Kozí hřbety** (Ziegenrücken), der sich im Westen der Wiesenbaude zwischen dem Důl Bílého Labe und dem Tal von Svatý Petr (St. Peter) erhebt, aus Naturschutzgründen gesperrt, ein Rastplatz befindet sich jedoch auf dem Aussichtsfelsen **Vyhlídka Odbocka** (**6**), zu dem die rote Markierung von der Lučni bouda aus westwärts führt. Hier bietet sich ein umfassendes Riesengebirgspanorama; nicht nur die Bílá louka mit der Schneekoppe im Hintergrund, auch fast das gesamte westliche Riesengebirge mit den Sedmidolí (Sieben Gründe), mit Kotel (Kesselkoppe), Vysoké Kolo (Hohes Rad) usw. läßt sich überblicken.

Nun folgt der Abstieg ins Tal von Svatý Petr und zurück nach **Špindlerův Mlýn** (**1**): Vom Aussichtsfelsen gehen wir zurück zur roten Markierung und steigen steil und steinig Richtung Svatý Petr ab, bald stoßen wir erneut auf eine Verzweigung: Während »rot« rasch nach Svatý Petr absteigt, umgeht »gelb« das Wintersportdorf und vereinigt sich dann wieder mit »rot«, um nach Špindlerův Mlýn zurückzukehren. Beide Abstiegsvarianten sind wegen Lawinengefährdung im Winter gesperrt, bis weit ins Frühjahr hinein liegt hier der Schnee.

Schneekoppen-Variante: Von der Lučni bouda leitet die blaue Markierung auf bequemem und sehr aussichtsreichem Weg weiter zum Schronisko Dom Śląski; dort erfolgt der steile Schlussanstieg zur Schneekoppe wie bei Tour 6.

Spindlermühle – Geiergucke – Planurbaude

Durch das Tal von Svatý Petr (Sankt Peter) und den Dlouhý důl (Langer Grund) führt diese Wanderung zur Bergbaude Výrovka (Geiergucke), gefolgt von einem Wald- und Höhenspaziergang über den doppelgipfligen Přední Planina (Planur).

Talort: Špindlerův Mlýn (Spindlermühle, 710 m; → Tour 4).
Ausgangspunkt: Busbahnhof (710 m) am Ortseingang von Špindlerův Mlýn.
Höhenunterschied: 820 Höhenmeter.

Einkehr: Svatý Petr, Výrovka, Chalupa na Rozcestí, Klínové Boudy, Bouda na Pláni.
Hinweis: Die Rundwanderung ist bei Liftbenutzung um ca. 3 km abkürzbar.

Vom Parkplatz am Ortseingang von **Špindlerův Mlýn (1)** geht es wie bei Tour 15 über die Elbbrücke ortseinwärts und am Straßendreieck bei der Post schräg rechts hinauf in die steile Straße Okružní, bis am Waldrand der Teerweg Stríbrná kreuzt und sich rechts in das Tal des Wintersportorts **Svatý Petr (2)** senkt. Nach der Christianisierung wurde im einstigen »Riesenhain« die Kirche Sankt Peter errichtet, ab dem 14. Jahrhundert wurde im Tal nach Kupfer, Silber, Blei und Arsen gegraben, Spindlermühle entstand als Ableger dieser Bergbausiedlung. Wenn die Häuser enden, taucht der grün markierte Weg in den Wald und leitet im lawinengefärdeten **Dlouhý důl** aufwärts, begleitet vom Rauschen des Svatopetrský potok (Klausenwassers). Beim Hotel **Výrovka (3,** 1356 m), der einstigen Geiergucke, lohnt der kurze Abstecher

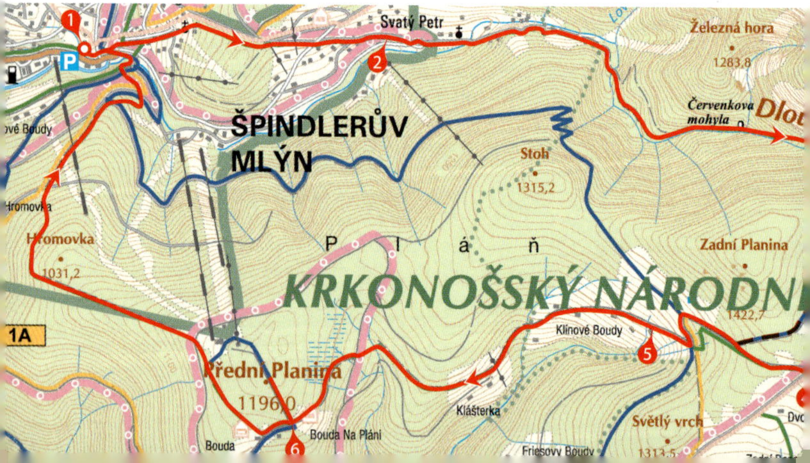

Der Klausenwassergrund in Svatý Petr (St. Peter).

auf dem rot markierten Weg nordwärts Richtung Luční bouda (Wiesenbaude): Bänke an einer Aussichtskanzel bieten einen schönen Blick zurück nach Svatý Petr, auf Špindlerův Mlýn und das südwestliche Riesengebirge; wer noch einige Minuten weiter hinaufgeht, genießt eine hervorragende Aussicht in den Modrý důl (Blaugrund), auf den Ferienort Pec pod Sněžkou (Petzer), zur turmüberhöhten Černa hora (Schwarzenberg) usw. Dieser kurze Abstecher, eventuell sogar bis zur Bergopferkapelle oberhalb der Luční bouda, ist sehr empfehlenswert.

Von der Výrovka leitet die rote Markierung südwärts zum Berggasthaus **Chalupa na Rozcestí (4)** an der aussichtsreichen Wegespinne Rozcestí zwischen Lišči hora (Fuchsberg) und Zadní Planina. Hier zweigt die grüne Markierung

rechts ab und führt zur **Nová Klínovka** (**5**, Neue Keilbaude) sowie teils aussichtsreich durch offenes Gelände, teils durch Wald zur **Bouda na Pláni** (**6**, Planurbaude). 1944 fand hier unter der Leitung Schenck von Stauffenbergs ein Treffen deutscher Wehrmachtsoffiziere zur Vorbereitung des – gescheiterten – Attentats auf Hitler statt. Von der Baude führt die grüne Markierung durch den Hang zurück nach **Špindlerův Mlýn (1)**.

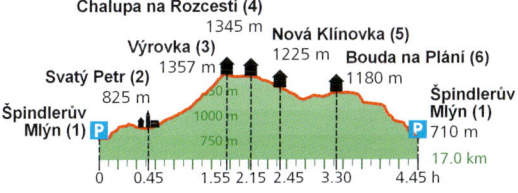

Petzer – Schlesierhaus – Schneekoppe

Dieser Aufstieg zur Schneekoppe führt durch das landschaftlich großartigste Tal des Riesengebirges, den gletschergeschaffenen Obří důl (Riesengrund) mit seinen Wiesenenklaven und Felswänden, seinen Wasserfällen und Karen, Lawinenhängen und botanischen Kostbarkeiten.

Talort: Pec pod Sněžkou (Petzer, 770 m) ist das touristische Zentrum des südöstlichen Riesengebirges. Der Ferien- und Wintersportort liegt im Krkonošský Nationalpark am Ausgang des Riesengrunds. Sessellift auf die Schneekoppe.
Ausgangspunkt: Busbahnhof (770 m) und gebührenpflichtiger Großparkplatz mit Souvenirkiosks in Pec pod Sněžkou.
Höhenunterschied: 840 Höhenmeter.
Einkehr: Bauden im unteren Riesengrund, Schronisko Dom Śląski, Schneekoppe.
Hinweis: Die Rundwanderung kann mit der Kabinenseilbahn abgekürzt werden.

Vom Parkplatz in **Pec (1)** führt die blaue Markierung im Tal der Úpa (Aupa) bergwärts, überquert bei der Bergbaude Betyna den Fluss und zieht hinauf in den **Obří důl** (Riesengrund), der rund 700 Höhenmeter überragt wird von der Schneekoppe, links eingefasst von den Abstürzen und Karen des Studniční hora (Brunnberg, 1554 m), des zweithöchsten Riesengebirgsgipfels. Diesseits des Studniční hora mündet der Modrý důl (Blaugrund) ein. Zu erster Einkehr lädt die **Bouda v Obřím dole (2)** ein, wenig später passiert der Weg die Bouda pod Sněžkou. Bei der Schutzkapelle **Kaple v Obřím dole (3)**, die eine Lawinenausstellung beherbergt, sind die Reste eines Holztriftdamms erhalten. Die Spuren, die eine Mure im Juli 1897 zog – zwei Bauden mit sieben schlafenden Bewohnern un-

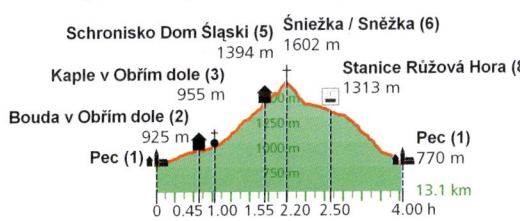

Blick von der Sněžka (Schneekoppe) in den Obří důl (Riesengrund), rechts der Studniční hora (Brunnberg).

ter sich begrabend – sind ebenfalls noch sichtbar. Allmählich gewinnt der Weg mehr Höhe, am Rastplatz an der ehemaligen Bergschmiede **Kovárna (4)** bietet sich ein hervorragender Blick über das Tal und die es einkesselnden Felsszenerien. Begleitet von großartigen Panoramen geht es nun steil hinauf zum **Schronisko Dom Śląski (5**, Schlesierhaus), von dem der rot markierte Kammweg wie bei Tour 6 auf die **Schneekoppe (6**, Sněžka) führt.

Von der Schneekoppe führt die gelbe Markierung, in etwa der Seilbahntrasse folgend, steil und auf Stufen Richtung Pec hinab, an der Verzweigung **Nad Růžohorským (7)** geradeaus. Anfangs begleitet uns ein wunderbares Panorama, dann taucht der Weg in den Wald ein. Von der Seilbahn-Mittelstation **Stanice Růžová Hora (8)** im Hang des Rosenbergs leitet die gelbe Markierung geradeaus weiter zur aussichtsreichen Bergwiese **Růžohorky (9)**. Dort zweigt die grüne Markierung zurück nach **Pec (1)** ab.

Schronisko Dom Śląski (5)
1394 m

Śnieżka / Sněžka (6)
1602 m

Kaple v Obřím dole (3)
955 m

Stanice Růžová Hora (8)
1313 m

Bouda v Obřím dole (2)
925 m

Pec (1)
770 m

Pec (1)

1250 m
1000 m
750 m

13.1 km

0   0.45 1.00 1.55 2.20 2.50   4.00 h

Petzer – Schneekoppe –Wiesenbaude

Vom Rosenberg erfolgt der überwiegend sonnige Aufstieg zur Sněžka.

Bei dieser Panoramawanderung über die Sněžka (Schneekoppe), zur Luční bouda (Wiesenbaude) und durch den Modrý důl (unterer Blaugrund) dient die Seilbahn zum Rosenberg als Aufstiegshilfe.

Talort: Pec pod Sněžkou (Petzer, 770 m; → Tour 18).
Ausgangspunkt: Busbahnhof (770 m) und gebührenpflichtiger Parkplatz in Pec.
Höhenunterschied: 550 m im Anstieg, 1000 m im Abstieg.
Einkehr: Pec, Talstation des Sessellifts, Mittelstation des Sessellifts, Schneekoppe, Schronisko Dom Śląski, Luční bouda, Výrovka, Richtrovy boudy, Milíře.

Vom Parkplatz in **Pec (1)** führt die blaue Markierung im Tal der Úpa (Aupa) bergwärts, bis an der ersten Brücke rechts die **Seilbahn-Talstation (2)** ausgeschildert ist. Von der Mittelstation **Stanice Růžová Hora (3)** im Hang des Rosenbergs leitet die gelbe Markierung bergwärts, passiert die Verzweigung **Nad Růžohorským (4)** und gewinnt die **Schneekoppe (5**, Sněžka). Vom Gipfel leitet die rote Markierung wie bei Tour 6 auf dem kettengesicherten Zickzackweg zum **Schronisko Dom Śląski (6**, Schlesierhaus). Dort zweigt die blaue Markierung Richtung Luční bouda ab. Bequem und aussichtsreich zieht der Weg dahin, teils zwischen Legföhreninseln, teils zwischen nassen Wiesen und Hochmooren. Bald ist die **Luční bouda (7**, Wiesenbaude) erreicht (→ Tour 16). Von der Baude folgt die rote Markierung einem bequemen Weg durch die weiten Wiesen zur **Kapelle für die Opfer der Berge (8)** hinauf. Hier überschreitet der Wanderweg den Böhmischen Kamm, und es öffnet sich eine malerische Aussicht über den Modrý důl hinweg auf Pec, zum Černá hora (Schwarzenberg), zum Rýchory (Rehorngebirge) und auf die Kette der Sudeten. Schließlich taucht der rot markierte Weg wieder in die Baumzone ein und erreicht die Wegkreuzung am **Hotel Výrovka (9)**, der einstigen Geiergucke. Hier zweigt die grüne Markierung links ab und folgt einem steilen Asphaltweg hinab zu den aussichtsreichen **Richtrovy boudy** (10, Richterbauden). Dort wechselt die rote Markierung links auf einen schmalen Weg, der sich nach Durchqueren eines Waldstücks als Hangpfad über dem Modrý důl mit einzigartigem Blick auf die Südflanke der Schneekoppe fortsetzt. Bald darauf mündet der Pfad an der Verzweigung **Modrý důl** (11) in einen Wirtschaftsweg; dieser leitet an der ruhig gelegenen Berghütte Milíře (Meiler) vorbei nach **Pec** (1) zurück.

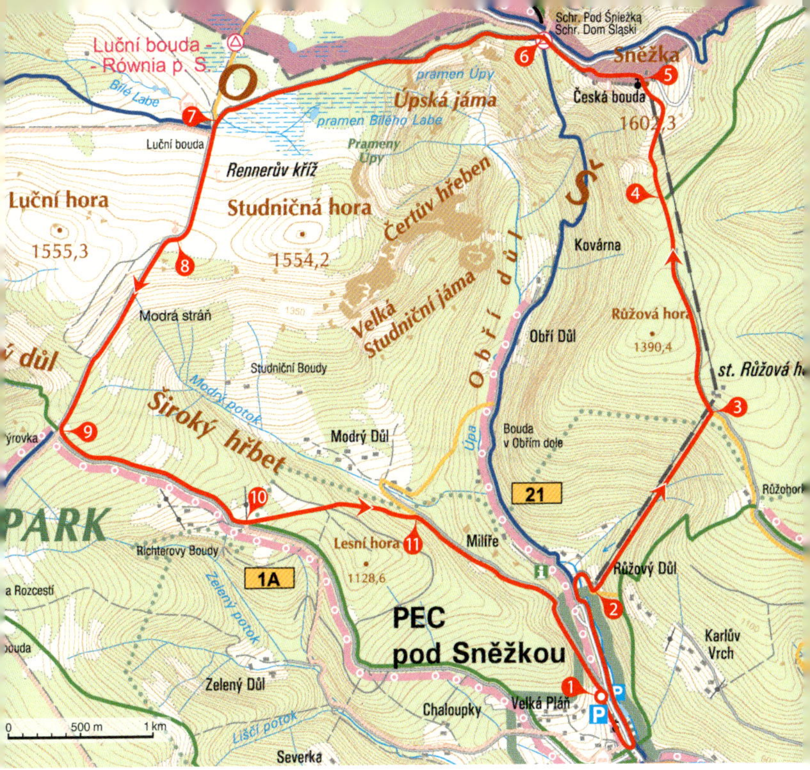

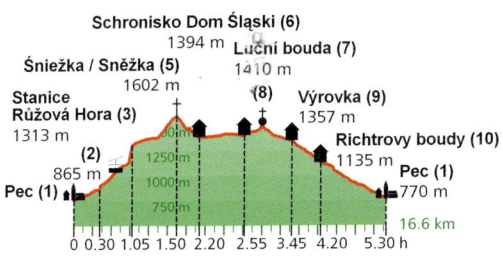

Schronisko Dom Śląski (6)
1394 m
Śnieżka / Sněžka (5)   Luční bouda (7)
1602 m   1410 m
Stanice   (8)   Výrovka (9)
Růžová Hora (3)   1357 m
1313 m   Richtrovy boudy (10)
(2)   1250 m   1135 m
865 m   Pec (1)
1000 m   770 m
Pec (1)   750 m
16.6 km
0 0.30 1.05 1.50 2.20 2.55 3.45 4.20 5.30 h

Johannisbad – Schwarzenberg

Die wuchtige Kuppe des Černá hora (Schwarzenberg) ist die markanteste Südbastion des Riesengebirges. Kurgäste aus Janské Lázně (Johannisbad) und Familien mit Kindern schweben mit der Seilbahn hinauf und genießen die prächtige Aussicht in den Wiesen bei der Sokolská bouda und vom Aussichtsturm. Die Wanderung bezieht das Černohorská rašelinina (Schwarzenbergmoor) mit ein, das besonders zur Mittsommerzeit, wenn in den nassen Wiesen das Wollgras flockt, ein reizvolles Ziel ist.

Talort: Janské Lázně (Johannisbad, 640 m) im südöstlichen Riesengebirge ist einer der ältesten (1677) Kurorte Böhmens (radioaktive Thermalquellen). Der im Krkonošský-Nationalpark gelegene Černá hora (Schwarzenberg) ist durch eine Kabinenseilbahn erschlossen und trägt einen Aussichtsturm.
Ausgangspunkt: Großparkplatz (650 m) an der Talstation der Seilbahn auf die Černá hora. Buslinien Trutnov – Janské

Lázně und Janské Lázně – Svoboda nad Úpou – Pec pod Sněžkou. Die Seilbahn fährt jede volle Stunde.
Höhenunterschied: 700 Höhenmeter.
Einkehr: Hoffmannová bouda, Zrcadlovka, Horský Hotel, Sokolská bouda, Černá bouda, Velká Pardubická bouda, Modrekamenná bouda, diverse Einkehrmöglichkeiten in Janské Lázně.
Hinweis: Die Rundwanderung ist mit der Seilbahn abkürzbar.

Vom Seilbahn-Parkplatz in **Janské Lázně (1)** geht es die Stufen zum Gebäude der Talstation hinauf und vor dem Eingang links. Die grüne Markierung leitet im Tal Janský důl bergwärts und führt durch Wiesen und dann im Wald zur **Hoffmannová bouda (2)** hinauf, wo die gelbe Markierung die Routenführung übernimmt: kurz an der Straße entlang bergwärts, nach Überqueren des Bachs Smrcina rechts ab und dann links in den Wald hinauf. Bald mündet der gelbe Wanderweg in den für den öffentlichen Verkehr gesperrten Radtouren-Asphaltweg **Lobkovicova cesta (3)**, und diesem folgt die blaue Markierung links hinauf zwischen Fichten. Wo der Asphaltweg in einer Serpentine nach rechts kurvt, zweigt die blaue Markierung geradeaus ab und trifft an der

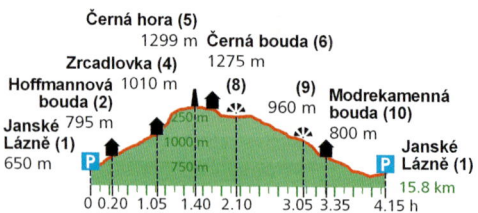

aussichtsreichen Herberge **Zrcadlovka (4)** erneut auf die gelbe Markierung. Diese leitet rechts hinauf zu den aussichtsreichen Wiesen zwischen dem Horský Hotel und der Sokolská bouda nahe der Seilbahnbergstation und trifft hier auf die rote Markierung. Sie führt weiter aufwärts, bei klarer Sicht lohnt der kurze Abstecher zum Aussichtsturm auf dem **Černá hora** (5, Schwarzenberg), ehe sich der rot markierte Weg zur **Černá bouda** (6) hinabsenkt; in der Wiese unterhalb dieses Hotels bietet sich eine gute Aussicht zur Schneekoppe. Oberhalb des Hotels wechselt die rote Markierung rechts auf einen Bohlensteg – nunmehr in Begleitung von »gelb« –, senkt sich auf steinigem Weg hinab und knickt links ab. An dieser Verzweigung gehen wir geradeaus mit »blau« und wechseln gleich darauf an der Verzweigung **Nad Pardubickými boudy (7)** mit »grün« links auf einen Pfad. Der grün markierte Pfad zieht am Rand des Naturschutzgebiets **Černohorská rašelinina** (Schwarzenbergmoor) durch den Fichtenwald, an besonders nassen Passagen auf Bohlenstegen. Schließlich trifft »grün« wieder auf »gelb« und zweigt dort rechts ab. Wenige Augenblicke später verlässt rechts ein Bohlensteg den Wanderpfad. Der Bohlensteg führt zur hölzernen Aussichtsplattform **Hubertova vyhlídka (8)** am Rand der von Legföhren umgebenen Wollgraswiesen des Černohorská rašelinina – ein schöner Rastplatz. Von der Aussichtsplattform geht es auf demselben Weg zurück zur Verzweigung **Nad Pardubickými boudy (7)**; dort mit der grünen Markierung links an der Velká Pardubická bouda vorbei abwärts im Wald und bei den Aussichtsfelsen **Modré kameny (9)** in Serpentinen hinab zur **Modrekamenná bouda (10)**, wo die blaue Markierung kreuzt. Sie leitet rechts in den Kurort **Janské Lázně (1)** und zum Parkplatz an der Seilbahn-Talstation.

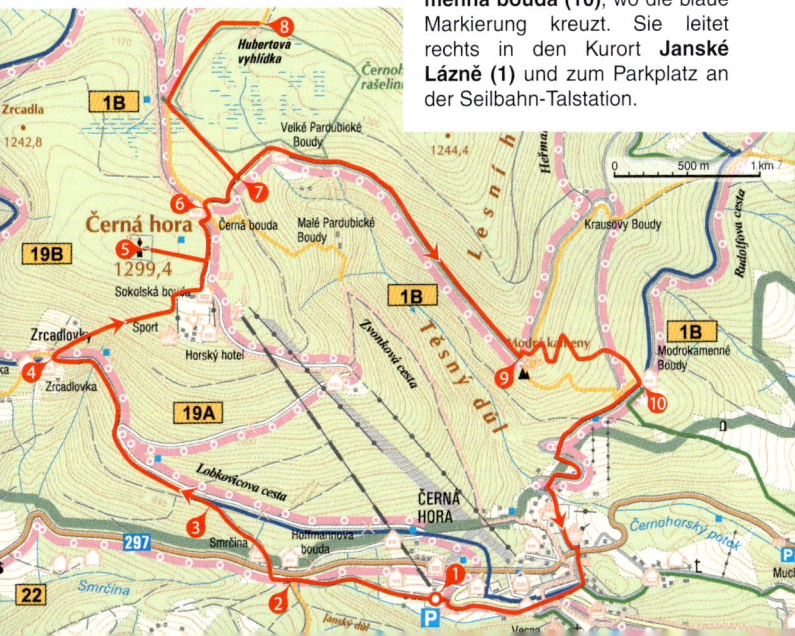

Schatzlar – Rehornbaude – Höfelbusch

Diese Wanderung erschließt die höchste Partie des aussichtsreichen Rýchory (Rehorngebirge), das wegen seiner alten Buchen und reichen Flora weitflächig als Teil des Riesengebirgs-Nationalparks unter Schutz steht.

Abendlicher Blick über den Rehornkamm (l.) hinweg zur Sněžka (Schneekoppe).

Talort: Žacléř (Schatzlar, 612 m) ist Wintersportort am Ostfuß des Rehorngebirges (Rýchory). Weite Gebiete der ehemaligen Bergbaustadt liegen im Riesengebirgs-Nationalpark Krkonošský národní park, der auch das Rehorngebirge umfasst.

Ausgangspunkt: Bushaltestelle und Parkplatz am Marktplatz (610 m) in Žacléř; der Platz liegt am Südende des lang gestreckten Orts an der kleinen Durchgangsstraße und ist an seiner barocken Bebauung zu erkennen. Žacléř liegt nördlich von Trutnov (Trautenau) und südwestlich von Lubawka (Liebau) unweit der tschechisch-polnischen Grenze. Busverbindung ab Trutnov, Janské Lázně, Prag u. a.

Höhenunterschied: 570 Höhenmeter.

Einkehr: Žacléř, Ozon, Chata Hubertus/Vízov, Rýchorská bouda, Prkenný Důl.

Vom Marktplatz in **Žacléř (1)** leitet die gelbe Markierung nach Queren der Durchgangsstraße zum Schloss hinauf und im Wald hinüber ins Sněžný potok (Weiseltbachtal); an der **Horská chata Ozon (2)** rechts hinauf auf den Žacléřský hřbet (Schatzlerrücken). Am **Bílý kříž (3**, Weißes Kreuz) übernimmt »grün« die Routenführung und leitet links aufwärts über den Waldkamm, in dessen Nordosthang der **Bober** entspringt. Man tritt in die Wiesen der Einzelhofsiedlung Vízov mit der **Chata Hubertus (4)**, passiert das 1804 errichtete **Rýchorský kříž** (Rehornkreuz) und erreicht die Wegekreuzung **Kutná (5**, Kuttenberg) nahe der **Rýchorská bouda (6**, Rehornbaude). Oberhalb steht auf dem Quetschenstein an der Stelle der ehemaligen Maxhütte eine Aussichtsplattform mit Blick zur Schneekoppe. Von der Herberge zurück zur **Kutná**; die rote Markierung überschreitet den höchsten Berg des Rehorngebirges, den **Dvorský**

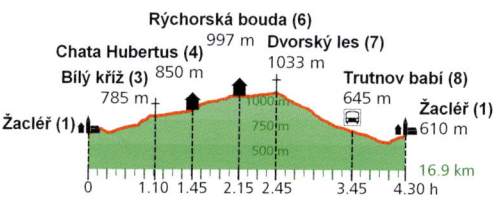

les (**7**, Höfelbusch, 1033 m). Die Markierung tritt aus den Wäldern, zieht aussichtsreich durch Blumenwiesen und erreicht an der Bushaltestelle **Trutnov babí (8)** die Straße, hinter der die grüne Markierung die Führung übernimmt: hier links nach **Prkenný Důl** (**9**, Brettgrund) und zurück nach **Žacléř (1)**.

Adersbach – Bischofstein

Adersbacher und Wekelsdorfer Felsenstadt sind das größte naturbelassene Sandsteingebiet Tschechiens. Das großartige Ensemble aus Felslabyrinthen, Schluchten, Wänden, Höhlen, Grotten und Aussichtskanzeln, aus Quellen, Wasserläufen und einer artenreichen Hochgebirgs- und Tieflandsvegation ist ein Paradies für Wanderer und Kletterer. Bereits 1933 wurde es auf 17,7 km² als Naturschutzgebiet ausgewiesen.

Talort: Adršpach (Adersbach, 500 m) ist Fremdenverkehrsort an der Adersbach-Wekelsdorfer Felsenstadt (Adršpašské skalní město) im Braunauer Bergland (Broumovská Vrchovina). Seit dem 18. Jahrhundert ist der kleine Ort der Hauptausgangspunkt für Wanderungen in die Felsenstadt.
Ausgangspunkt: Bahnhof Adršpach (500 m) nordwestlich von Teplice an der Bahnlinie Richtung Trutnov. An der Durch-gangsstraße unweit des Bahnhofs gibt es einen gebührenpflichtigen Großparkplatz.
Höhenunterschied: 280 Höhenmeter.
Einkehr: Hotel Skalní město, Hotel Lesní zátiši, Hotel Orlík.
Hinweis: Streckenwanderung, Rückfahrt mit dem Zug.
Karte: An der Felsenstadt-Kasse ist die Wanderkarte 1:25.000 erhältlich. Hier gibt es auch einen deutschsprachigen Kletter-führer.

Vom Bahnhof **Adršpach (1)** – hier notieren wir, wann die Bahn von Teplice nad Metují Skály zurückfährt – führt die grüne Rundweg-Markierung kurz parallel zu den Gleisen westwärts, mündet vor dem Restaurant »Skalní Město Adršpach« auf den vom Parkplatz herüberführenden Weg und folgt ihm links über den Gleiskörper zum Kassenkiosk der Adersbacher Felsenstadt beim Hotel »Lesní zátiši«. Nach Überqueren des Flusses Metuje (Metau) auf einer Brücke leitet die grüne Markierung in die Adersbacher Felsenstadt hinein, von Anfang an begleitet von fantastischen Felsformationen. An der ersten **Verzweigung (2)** zweigt ostwärts der blau markierte Rundwanderweg um den felsumkesselten See ab.
Nach der Runde um den See geht es mit der grünen Markierung weiter durch

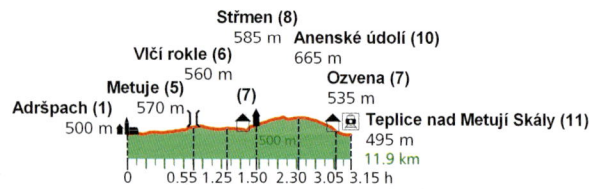

die Felsenstadt, die Namen der Felsen sind tschechisch und deutsch ausgeschildert: Rübezahlstühle, Krug, Zuckerhut usw. An der **Grün-Verzweigung
(3)** teilt sich der Wanderweg: ein Strang führt rechts zum Aussichtspunkt Vel-
ké Panorama, wir folgen dem Weg geradeaus über die Metau und am Fluss
entlang aufwärts.

Nach Durchschreiten der imposanten Martinsgasse zwischen den Martins-
wänden ragt neben der Certův most (Teufelsbrücke) der Turm Krakonošův
zub (Rübezahls Zahn) auf, in den eine Plakette mit einer Hochwassermarkie-
rung aus dem 19. Jahrhundert eingelassen ist: Nach einem Wolkenbruch
stand das Wasser in der Felsenstadt zwei Meter hoch. Bald darauf ist die
Schutzhütte an der **Wegeverzweigung (4)** am südlichen Wendepunkt des

grün markierten Rundwanderwegs erreicht. In den Felsen bei der Rasthütte rauscht der Malý vodopád (Kleiner Wasserfall), gleich daneben sprudelt die noch winzigere Stříbrný pramen (Silberquelle).

Von der Rasthütte leitet die gelbe Markierung zum Kleinen Panorama (Malé panoráma) hinauf und weiter zum **Velký vodopád** (Großer Wasserfall). Vor dem Eintritt in die Felsenhalle, durch die der Wasserfall zu erreichen ist, lässt eine Goethe-Büste aufschauen: 1790 wandelte der Dichterfürst durch die Felsenstadt. Der Große Wasserfall stürzt 16 Meter durch einen senkrecht aufsteigenden Felskamin.

Vom Großen Wasserfall führt die gelbe Markierung weiter zu einer Schutzhütte. Hier beginnt eine Stufenanlage, die steil zum **Adršpašské jezirko** (Adersbacher Felsensee) hinüberleitet. Direkt oberhalb des Großen Wasserfalls wartet ein großes buntes Holzboot, und sobald etwa 30 Menschen darin Platz gefunden haben, werden sie mit einer Stange über den nicht sehr tiefen Felsensee gestakt. Die Bootsfahrt auf dem stillen kleinen See, in dem sich die Felsen spiegeln, gilt vielen als Höhepunkt eines Besuchs in der Adersbacher Felsenstadt.

Von der Schutzhütte leitet die gelbe Markierung passagenweise auf Stufen zur Metuje, überquert den Zufluss des Felsensees auf einer **Brücke (5)**, führt steil zwischen Felsen aufwärts und ebenso steil wieder hinab in einen feuchten Wiesengrund, wo ein Bohlenweg beginnt, der schließlich in den angenehmen Pfad durch die **Vlčí rokle** (6, Wolfsschlucht) übergeht. Ein schöner Rastplatz erwartet uns an der **Stříbrný pramen** (Silberquelle); die gelbe Markierung leitet weiter durch das Waldtal, zweigt schließlich rechts ab zur Echo-Schutzhütte **Ozvěna (7)** hinauf, wo eine Kanone steht.

An der Echo-Hütte beginnt ein blau markierter Rundwanderweg durch die Wekelsdorfer Felsenstadt: sie ist größer als die Adersbacher, auch viele Felsen sind kolossaler. Der Pfad führt talaufwärts, schon bald ist der Abstecher zur Felsenburgruine **Střmen (8)** auf einem gesicherten Steig ausgeschildert. Oben schweift der Blick über die Felsenstädte und das Braunauer Bergland sowie über den Gebirgszug der Sudeten mit der Schneekoppe. Von der Felsenburg geht es zurück zum blauen Rundwanderweg: Erneut erinnert hier eine Plakette an Goethe. An der **Verzweigung (9)** halten wir uns links und treten in die großartigen Szenerien der eigentlichen Felsenstadt ein. Schließlich erreicht der Rundweg das **Anenské údolí (10**, Annental) und die bekannte **Verzweigung (9)**, führt zur Echo-**Schutzhütte (7)** zurück und verlässt die Felsenstadt. Beim Kassenhäuschen lädt links das Hotel Orlík zur Einkehr ein; gleich oberhalb des Hotels befindet sich der Bahnhof **Teplice nad Metují Skály (11)**.

Viele Felsen in den Felsenstädten haben fantasievolle Namen (ausgeschildert), und die Vorübergehenden dürfen sich fragen: Sieht er wirklich aus wie ein »Zuckerhut«, ein »Teufelszahn«, wie »Rübezahls Zahnstocher« oder wie eine »Madonna«?

Bischofstein – Annental – Wekelsdorf

Nach einem faszinierenden Rundgang durch die Wekelsdorfer Felsenstadt führt diese Wanderung auf einsamen Wegen und Pfaden zur aussichtsreichen Felsbastion »Lokomotive« und weiter nach Teplice nad Metují (Wekelsdorf).

Talort: Teplice nad Metují (470 m, deutsch Wekelsdorf) Stadt an der Mettau und der Wekelsdorfer Felsenstadt (Teplické Skalý).
Ausgangspunkt: Parkplatz am Hotel Or-

lík am Zugang zur Wekelsdorfer Felsenstadt (Teplické Skalý) im Ortsteil Bischofstein (Teplice nad Metují Skály) an der Straße Rooseveltova.
Höhenunterschied: 370 Höhenmeter.

Vom Parkplatz am Hotel Orlík in **Teplice nad Metují Skály (1)** führt die Blaustrich-Markierung zum Kassenhäuschen am Eingang der Wekelsdorfer Felsenstadt und folgt einem Waldtal hinauf zur Echo-Schutzhütte **Ozvěna (2)**. Im tief eingeschnittenen Tal des Skalní potok (Felsenbach) leitet die blaue Markierung weiter sacht aufwärts in der Vlčí rokle (Wolfsschlucht), passiert den Rastplatz an der Stříbrný pramen (Silberquelle) und erreicht die **Wolfsschlucht-Verzweigung (3**, Vlčí rokle). Hier zweigt im Quellgebiet des Skalní potok, der dort den sehenswerten Wasserfall Ledopád bildet (Abstecher:

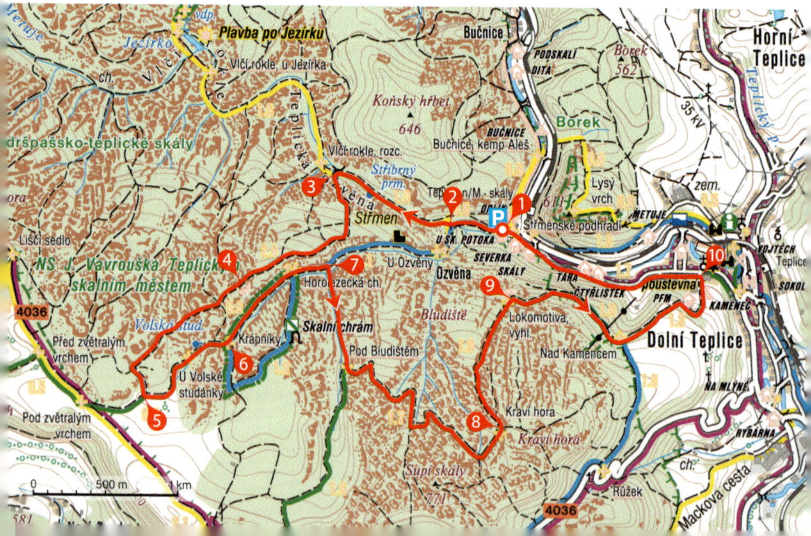

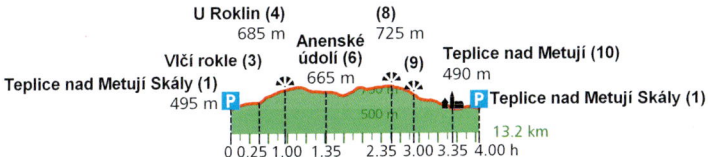

U Roklin (4)
685 m

Anenské
údolí (6)
665 m

(8)
725 m

Vlčí rokle (3)

Teplice nad Metují (10)
490 m

(9)

Teplice nad Metují Skály (1)
495 m

Teplice nad Metují Skály (1)

500 m

13.2 km

0 0.25 1.00 1.35 2.35 3.00 3.35 4.00 h

1 Min.), die blaue Markierung scharf links ab und schlängelt sich zwischen himmelhoch aufragenden Felswänden durch ein weiteres Tal, passiert die Aussichtsstelle **U Roklin (4)** und erreicht an der Verzweigung **Zaboř (5)** den aussichtsreichen Südwestrand der Felsenstadt. Hier führt die grüne Markierung links zurück in die Felsenstadt: Höhlen, Grotten, Felsengänge, Anstiegssteige zu den Kletterfelsen – es gibt hier Dutzende von Orten zum Herumstöbern, man muss sich inspirieren lassen. Das **Anenské údolí** (**6**, Annental) und die kurz darauf erreichte Schlucht »Sibirien« oder »Unterwelt«, in der noch im Juni Schnee liegen kann, zählen zu den großartigsten Orten der Wekelsdorfer Felsenstadt. Nach Verlassen der Unterwelt erreicht der Wanderweg den Platz bei der ehemaligen Bergsteigerhütte am Wachtturm und gleich darauf die Wegeverzweigung an der **Řeznická sekera** (**7**, Fleischerbeil). Dort führt ein Pfad rechts im Teplické údolí (Teplicer Tal) aufwärts zum grün markierten Wanderweg: An der ersten Verzweigung verlassen wir das Tal und steigen mit der grünen Markierung links hinauf Richtung Teplice (geradeaus ginge es zum Čap). Die folgende stille Wanderung führt durch Wälder, an Felsen entlang, meist auf Pfaden, teils auch

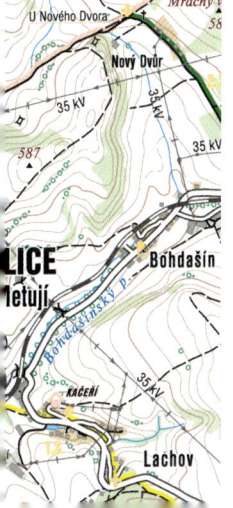

auf Wegen. Markanter Punkt ist eine markierte **Wegeverzweigung (8)** mit Blick ins Waldenburger Bergland; dort wendet sich die Grünstrich-Markierung links Richtung Teplice. Mal Weg, mal Pfad, teils aussichtsreich, teils im Wald, an einer Stelle auf brückenartigen Stegen über Felsschluchten, leitet die grüne Markierung in sachtem Abstieg zur Felsformation »**Lokomotive**« (**9**), die einen hervorragenden Tiefblick zum Ausgangspunkt der Wanderung, über die Felsenstadt hinweg zum Riesengebirge sowie nach Nordosten zu den Ausläufern des Waldenburger Berglands gewährt.

Nach der Rast auf der »Lokomotive« leitet die grüne Markierung durch die Hangwälder in den Ort **Teplice nad Metují (10)** im Metautal hinab. Diesseits der Metau folgt die Rotstrich-Markierung der ruhigen Straße Nerudova flussaufwärts zurück zum Ausgangspunkt am Hotel Orlík in **Teplice nad Metují Skály (1)**.

85

Ostaš – Friedland-Felsen

Der als Naturschutzgebiet ausgewiesene Tafelberg Ostaš im Braunauer Bergland bei Teplice nad Metují (Wekelsdorf) lockt mit Wanderpfaden zwischen Felsen, in denen mehr als 200 Kletterrouten ausgewiesen sind. Die von kraut- und strauchreichen Mischwäldern geschmückte Sandsteintafel bricht nahezu allseitig in bis zu 40 Meter hohen Wänden, Pfeilern und vorgelagerten Türmen ab und gipfelt im aussichtsreichen Friedland-Felsen.

Talort: Teplice nad Metují (470 m, deutsch Wekelsdorf), → Tour 23.
Ausgangspunkt: Ostaš-Parkplatz im gleichnamigen Weiler südöstlich von Te-
plice. An der Straße Police – Broumov ist die Stichstraße nach Ostaš ausgeschildert.
Höhenunterschied: 200 Höhenmeter.

Ausgangspunkt ist der aus wenigen Häusern und einem schlichten Zelt- und Campinghüttenplatz mit ebenso schlichter Einkehrmöglichkeit bestehende Weiler **Ostaš (1)** im Südosthang des Bergs. Am Beginn des blau markierten Wegs Richtung Ostaš lenkt auf dem Campingplatz eine kleine Kirche den Blick auf sich: 1484 wurde hier die erste christliche Kapelle errichtet. Nach ihrer Zerstörung wurde 1720 eine barocke Heilig-Kreuz-Kapelle geweiht, diese brannte 1737 ab und wurde 1787 gänzlich abgerissen, der jetzige Bau entstand 1858–73. Der Altar stammt aus dem 18., die Marienstatue aus dem 19. Jahrhundert.

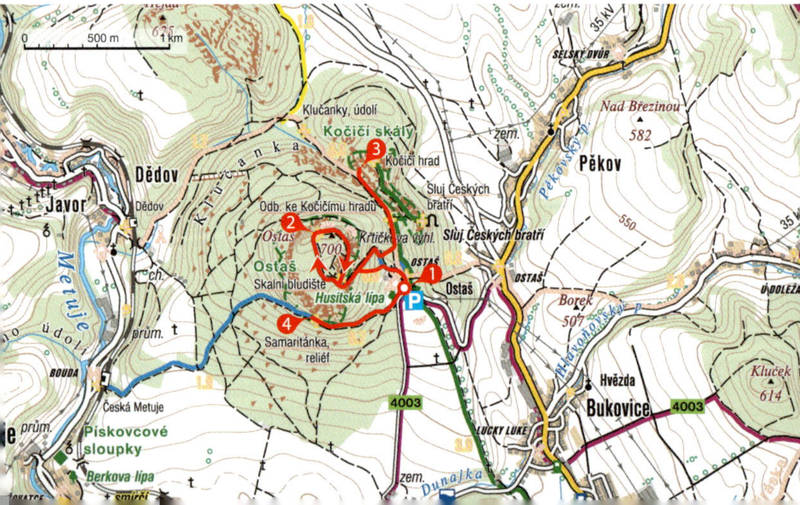

Die Blaustrich-Markierung führt hinauf in den Wald, kurz nach Eintritt in den Wald fällt links des Wegs ein großer, rundlicher Felsblock auf, der glattge- schliffen wie ein Findling ist und eine »Blutrille« sowie das eingemeißelte Bild einer Kirche aufweist. Von diesem sa-

Frýdlantská vyhlídka (2) 701 m

Dolní labyrinth (3) 595 m

Samaritánka (4)

Ostaš (1) 565 m

(1) 610 m

Ostaš (1) 5.3 km

0 0.30 1.00   1.45 h

genumwobenen Felsblock leitet der Blaustrich-Weg aufwärts zum **Horní la- byrint** (Oberes Felslabyrinth) und führt gut markiert durch dieses großartige Ensemble aus Türmen, Zinnen, Schluchten, Höhlen, Balkonen und Erkern. Vom Oberen Labyrinth leitet der Blaustrich weiter aufwärts, vorbei an bizar- ren Felsgebilden; ein Felsen, in den Verwitterungsvorgänge tor- und fenster- artige Öffnungen gebrochen haben, wird »Teufels Auto« genannt. Oberhalb erreicht der Pfad die Abbruchkante der Ostaš-Tafel: Hier reiht sich Aussichts- kanzel an Aussichtskanzel über den senkrecht abstürzenden Felswänden, die beste Aussichtskanzel ist der geländergesicherte **Frýdlantská vyhlídka** (**2**, Friedland-Felsen) auf der höchsten Erhebung des Ostaš. Frei schweift der Blick im Nordwesten über die Wekelsdorfer und Adersbacher Felsenstädte hinweg zum Riesengebirge, im Nordosten auf das Waldenburger Bergland sowie im Südosten auf den Wall der Braunauer Wände und auf das Adlerge- birge; unterhalb des Friedland-Felsens zeigt sich das Untere Felsenlabyrinth. Die offizielle Blaustrich-Route führt vom Friedland-Felsen zurück zum Obe- ren Labyrinth und dort auf demselben Weg wie beim Aufstieg zurück zum Campinghüttenplatz, doch lohnt es sich, auf den abzweigenden Pfaden auf eigene Faust auf Entdeckungstour zu gehen. Oberhalb der Campinghütten- platz-Einkehrmöglichkeit zweigt vom blauen Wanderweg der mit dem Zei- chen Rotstrich markierte Weg Richtung **Dolní labyrinth** (**3**, Unteres Felsen- labyrinth) ab. Von diesem Weg zweigt bald darauf die grüne Markierung in dieses Labyrinth ab, das wesentlich größer als das Obere Felsenlabyrinth ist. Älter als der moderne Name »Unteres Labyrinth« ist der Name »Katzenstei- ne« für dieses fantastische Ensemble aus Türmen, Grotten und Felsmassi- ven. Die größte Höhle in den Katzensteinen ist die sogenannte »Höhle der Böhmischen Brüder«. Wie weiter oben am Ostaš haben auch hier die Felsen phantasievolle Namen erhalten: Falkenfels, Handschuh, Wecker, Spinne usw. Von den Katzenfelsen zum Campinghüttenplatz zurückgekehrt, lohnt noch ein letzter Abstecher: Die blaue Markierung leitet westwärts zur **Samaritánka** (**4**, Samariterinquelle). Obwohl die Felsenquelle verbunkert und nicht mehr zu se- hen ist – aus dem Quellbunker dringt ihr Rauschen herauf –, ist dies ein stim- mungsvoller Ort. Die Quelle entspringt am Fuß eines kleinen Felsmassivs, das im von Blockwerk und Felsen durchsäten Wald im Ostaš-Südhang an- steht. Die Quellfront des Felsens schmückt ein Felsrelief aus dem Jahr 1859. Von der Quelle geht es auf demselben Weg zurück zum Ausgangspunkt im Weiler **Ostaš (1)**.

Schmiedeberg – Friesensteine

Diese Wald- und Wiesenwanderung führt zu den Friesensteinen am Skalnik, der höchsten Erhebung des Rudawy Janowickie (Landeshuter Kamm), der an vielen Stellen eine eindrucksvolle Rundschau gewährt.

Talort: Kowary (Schmiedeberg, 450 m) ist Industriestadt, Luftkurort und Wintersportort im Südosten der Kotlina Jeleniogórska (Hirschberger Kessel) zwischen Riesengebirge und Rudawy Janowickie (Landeshuter Kamm). Das Stadtgebiet reicht bis hinauf zum Kowarski Grzbiet (Schmiedeberger Kamm) im Karkonoski-Nationalpark an der Grenze zu Tschechien; im Osten des Kowarski Grzbiet überquert die Straße nach Tschechien an den Przełęcz Okraj (Grenzbauden) das Gebirge. Der Przełęcz Kowarska (Schmiedeberger Pass) trennt Riesengebirge und Rudawy Janowickie.

Im Stadtteil Podgórze (Arnsberg) werden alljährlich im Juli die polnischen Gleitschirmmeisterschaften ausgetragen. In einem Bergwerksstollen der ehemals Freien Bergstadt wurde Polens erstes Radon-Inhalatorium eröffnet.
Ausgangspunkt: Von überall sichtbare große gelbe Kirche (450 m) im Stadtzentrum von Kowary an der Hauptstraße 1-go Maja.
Höhenunterschied: 500 Höhenmeter.
Einkehr: Bergherberge Czartak (Abstecher), Herberge Szczytno.
Hinweis: Die Tour ist mit dem Bus abkürzbar.

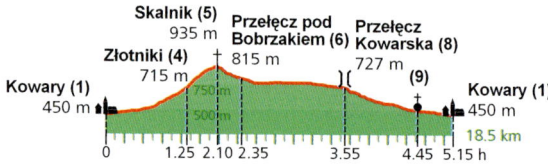

Die Wanderung beginnt in Kowary **(1)** an der großen **Marienkirche** (16. Jh., im 18. Jh. umgebaut) bei der barocken Steinbrücke mit der Nepomukstatue am Fluss Jeglica (Eglitz).
Die grüne Markierung leitet kurz die Hauptstraße 1-go Maja aufwärts, zweigt vor dem **Rathaus** links auf den Parkplatz (mit uralten Blutbuchen) ab, überschreitet die Jeglica und wechselt sofort rechts in die holprige Straße neben dem Fluss. Wenn die Holperstraße an den letzten Häusern auf die Durchgangsstraße trifft, zweigt die grüne Markierung links auf die Allee **Bukowa (2)** in der Wiesenflur ab, quert die Schnellstraße 367 und hält geradeaus. Hinter einem Hof biegt die Markierung wiederum links auf eine Allee ab und taucht gleich darauf auf einem steinigen Weg in die Laubwälder des Rudawy Janowickie ein. Der hangaufwärts führende Weg ist die 1778 angelegte Alte

Landeshuter Chaussee, der unter dem Namen Stary Trakt Kamiennogórski instand gehaltene und für den öffentlichen Verkehr gesperrte Postkutschenweg zwischen Eglitz- und Bobertal.

An der alten **Buche (3)** beim Forsthaus soll der preußische König Friedrich II. zur Schneekoppe geblickt und – hingerissen von dieser Aussicht – gesagt

Ein von alten Bäumen gesäumter Asphaltweg führt zurück nach Kowary.

haben: »Es gibt nur *ein* Schlesien.« In den Schlesischen Kriegen eroberte er Schlesien von den Habsburgern.

An der Felsgruppe **Złotniki (4)** wechselt die Alte Landeshuter Chaussee rechts in den Hang, während die grüne Markierung steiler ansteigend geradeaus hält und wenig später in den Rotstrich-Wanderweg mündet, der geradeaus gipfelwärts führt. Der granitene Friesenstein **Skalnik (5)**, die höchste Erhebung des Rudawy Janowicki, bietet ein umfassendes Panorama des Riesengebirgs-Hauptkamms bis hin zur Szrenica (Reifträger), über den Rudawy Janowicki nach Süden und zum Rýchory (Rehorngebirge), wo der Bober entspringt.

Vom Friesenstein führt die Rotstrich-Markierung hinab zum Pass unter dem **Przełęcz pod Bobrzakiem (6**, Bibersberg) und links in Richtung der nahen Bergherberge Czartak, bis an der **Wegekreuzung am Waldrand (7)** der Gelbstrich-Wanderweg rechts abzweigt. Er folgt nun immer in etwa der Höhe des Rudawy Janowicki im Wechsel von Wald, aussichtsreichen Wiesen und Felsen, bis die Bushaltestelle am **Przełęcz Kowarska (8**, Schmiedeberger Pass) erreicht ist. Von dort fährt der Bus zurück nach Kowary. Wer weiterwandern will, quert die Straße und folgt der blauen Markierung durch aussichtsreiches Wiesenland zurück; an der **Annenkapelle (9)** schräg links ins Zentrum von **Kowary (1)**.

Fischbacher Pass – Kreuzberg – Forstberg

*Die Felsen der Sokole Góry (Falkenberge) im Rudawski Park Krajobrazowy
(Naturpark Landeshuter Kamm) bieten eines der schönsten Panoramen zu
Füßen des Riesengebirges.*

Talort: Karpniki (360 m, deutsch Fisch-
bach) im Naturpark Landeshuter Kamm
(Rudawski Park Krajobrazowy) ist ein von
Fischteichen und alten Eichen umgebe-
nes Dorf, dessen Schloss (16. Jh.) Som-
merresidenz der Könige von Preußen
war. Die Felsen der Umgebung bilden das
bedeutendste Kletterrevier Polens außerhalb der Hohen Tatra.
Ausgangspunkt: Parkplatz in der

Przełęcz Karpnicka (470 m) nördlich von
Karpniki an der kleinen Passstraße nach
Trzcińsko (Rohrlach).
Höhenunterschied: 290 Höhenmeter.
Einkehr: Gasthof Schronisko Szwajcarka
(Schweizerei).
Hinweis: Wegen der Kleinteiligkeit des
Felsgeländes ist es ratsam, vor Ort eine
geeignete Wanderkarte (1:25.000) zu er-
werben.

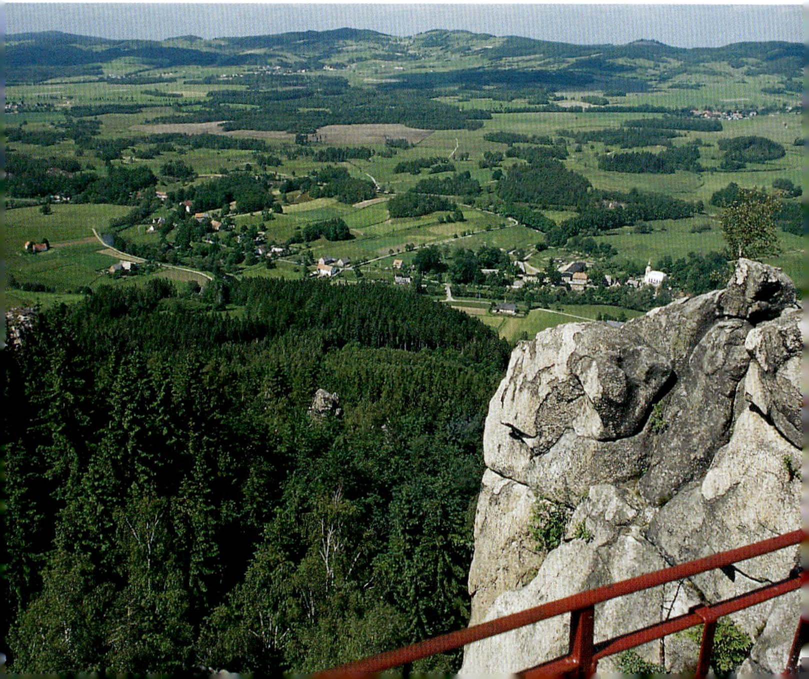

Vom Parkplatz am **Przełęcz Karpnicka** (**1**, Fischbacher Pass) führt die grüne Markierung auf einem bequemem Weg waldeinwärts. An der ersten Verzweigung geht es links hinauf zum **Schronisko Szwajzarka** (**2**, Gasthof Schweizerei) und weiter Richtung »Krzyżna Góra«. Der **Husyckie Skały** (**3**, Gotschenstein) rechts der nächsten Wegeverzweigung bietet eine gute Aussicht zu den Felsen auf dem Sokolik (Forstberg) und auf die Kotlina Jeleniogórska (Hirschberger Kessel). Von der Verzweigung beim Husyckie Skały führt die gelbe Markierung im Wald hinauf zur **Krzyżna Góra** (**4**, Kreuzfelsen), der höchsten Erhebung der Sokole Góry. Der Felsen ist auf Stufen ersteigbar und bietet eine wundervolle Aussicht auf Rudawy Janowickie (Landeshuter Kamm), Karpacz (Krummhübel), Schneekoppe, Riesengebirgshauptkamm, Isergebirge, Kotlina Jeleniogórska usw.

Zurück zur Verzweigung beim Husyckie Skały: Eine rote Markierung führt kurz links hinab und dann auf einem bequemen Waldweg hinauf zum Felsen **Sokolik Duży (5)**, auf dessen Gipfel eine offene Wendeltreppe und Leitern führen. Aufgrund der Weite und des Abwechslungsreichtums der Aussicht zählt dieser Felsgipfel zu den faszinierendsten im Bannkreis des Riesengebirges.

Auf dem bekannten Weg geht es zurück zum **Schronisko Szwajzarka (2)** und zum Ausgangspunkt am Sattel **Przełęcz Karpnicka (1)**.

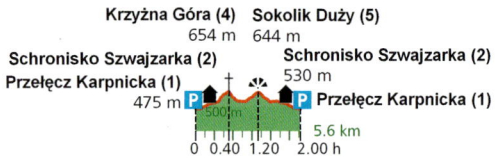

Vorhergehende Seite: Der Felsen Sokolik Duży auf dem Sokolik bietet weite Aussicht auf die Bober-Katzbachberge im Nordosten der Kotlina Jeleniogórska (Hirschberger Kessel).

Rechts: Rast am Gotschenstein unter dem Blätterdach alter Laubbäume.

92

27 *Przełęcz Okraj – Czoło – Skalny Stół*

Grenzbaudenpass – Kammstein – Tafelstein

Der aussichtsreiche Skalny Stół (tschechisch Tabule, deutsch Tafelstein) bildet die höchste Erhebung des Kowarski Grzbiet (tschechisch Lesní hřeben, deutsch Schmiedeberger Kamm). Er bietet eine faszinierende Aussicht ins Hirschberger Tal und weit nach Schlesien hinaus.

Talort: Kowary (Schmiedeberg; → Tour 25).
Ausgangspunkt: Przełęcz Okraj (Grenzbaudenpass, 1046 m) an der Passstraße oberhalb von Kowary.
Höhenunterschied: 290 Höhenmeter.
Einkehr: Unterwegs keine.

Der **Przełęcz Okraj** (**1**, Grenzbaudenpass) ist die Einsattelung am Ostende des Riesengebirgs-Hauptkamms. Die von Kowary (Schmiedeberg) heraufführende Straße wechselt hier nach Böhmen und senkt sich im Aupatal Richtung Svóboda (Freiheit) hinab. Früher befanden sich am Pass ein preußi-

Blick auf die ersten Häuser von Kowary (Schmiedeberg) und auf den Kowarski Grzbiet (Schmiedeberger Kamm).

sches und ein tschechisches Nebenzollamt. Gegründet wurde die Baudenkolonie 1663 von Schweizern höheren Standes und österreichischen Offizieren, die »eines gewissen Vergehens wegen« in die Gebirgseinsamkeit verbannt worden waren, wie das »Reisehandbuch Sudeten« von 1839 vermeldet; die Bewohner des »unverdorbenen Baudendorfes« trieben Viehzucht und vermieteten auch Räume an Fremde. Zu den drei alten Grenzbauden, die das Reisehandbuch erwähnt, kamen in der Folgezeit weitere hinzu. Der Granzbaudenpass wurde der Ausgangspunkt der Hörnerschlittenfahrten nach Schmiedeberg. Auf schlesischer Seite bestand die Schlesische Grenzbaude, heute Schronisko Na Przełęczy Okraj.

Vom Przełęcz Okraj führt die blaue Markierung aufwärts zum aussichtsreichen **Czoło** (**2**, tschechisch Čelo, deutsch Kammstein), in dessen Südhang die Kleine Aupa entspringt; der Czoło ist ein beliebter Startpunkt von Gleitschirmpiloten. Nach diesem kurzen, steilen Aufstieg beginnt die Wanderung auf dem **Kowarski Grzbiet**, sie führt aussichtsreich wie auf einem Dachfirst zum **Skalny Stół (3)**. Die Route folgt der tschechisch-polnischen Grenze, die zu Kaisers Zeiten die böhmisch-preußische Grenze bildete: Der Kammweg war damals ein verbotener Weg. Vom Skalny Stół senkt sich der Pfad hinab zum **Sowia Przełęcz** (**4**, tschechisch Soví sedlo, deutsch Eulenpass), wo er in den rot markierten Kammweg mündet. Dieser schlängelt sich ostwärts durch den Südhang des Kowarski Grzbiet, überquert im Südhang des Czoło die **Malá Úpa** (**5**, Kleine Aupa) und senkt sich zu den tschechischen Grenzbauden **Pomezní Boudy.** Dort geht es das kurze Stück längs der Passstraße zurück zum Ausgangspunkt am **Przełęcz Okraj (1)**.

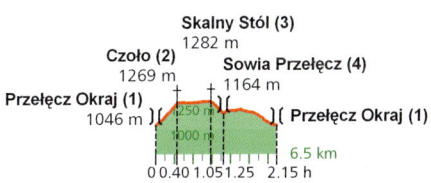

Krummhübel – Schlesierhaus – Schneekoppe

Diese Schneekoppenwanderung durch den unter Naturschutz stehenden Kocioł Łomniczki (Melzergrund) mit dem Wasserfall der Kleinen Lomnitz ist sehr aussichtsreich. Die Route durch den Kocioł Łomniczki ist ab dem Schronisko Nad Łomniczka (Melzergrundbaude) ebenso wie die Abstiegsroute im Winter wegen Lawinengefahr gesperrt.

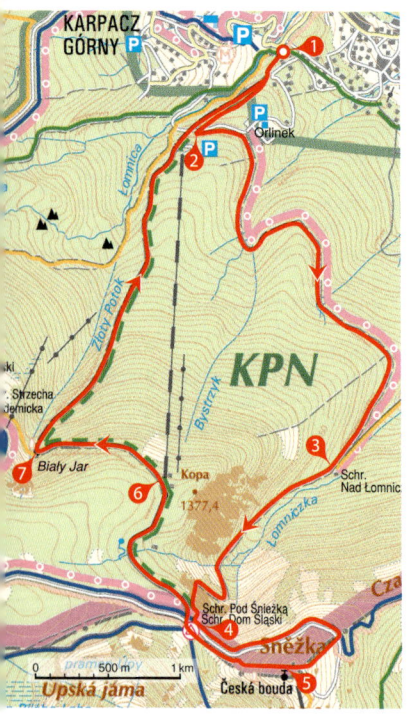

Talort: Karpacz (Krummhübel, 550 m) ist das bedeutendste Fremdenverkehrszentrum des nördlichen Riesengebirges. Das Stadtgebiet reicht im Karkonoski-Nationalpark bis hinauf zur Schneekoppe, dem die polnisch-tschechische Grenze tragenden höchsten Berg der Sudeten. Die Kopa (Kleine Koppe) ist durch einen Sessellift erschlossen und ein wichtiger Ausgangspunkt für Wanderungen auf die Schneekoppe. Eine Attraktion mitten in der Stadt ist der Wodospad Łomnicy (Lomnitz-Wasserfall). Architektonisches Schmuckstück ist die norwegische Stabkirche von Vang in Bierutowice (Brückenberg).

Ausgangspunkt: Bushaltestelle Biały Jar (700 m) beim gleichnamigen Hotel in Karpacz.

Höhenunterschied: 900 Höhenmeter.

Einkehr: Hotel Biały Jar, Imbisskiosk an der ersten Straßenkreuzung, Hotel Orlinek, Schronisko Nad Łomniczka, Schronisko Dom Śląski, Schronisko Na Śnieżce, Česká Bouda.

Hinweis: Der Abstieg kann mit dem Sessellift verkürzt werden.

An der Bushaltestelle Biały Jar in **Karpacz (1)** beginnt der Aufstieg: Mehrere Markierungen im Wald leiten neben dem Fluss Łomnica (Lomnitz) aufwärts. Auf der ersten Straße, der **Olimpijska (2)**, geht es kurz links durch den Hang, bis die rote Markierung beim Hotel Orlinek rechts in den Wald hinauf abzweigt. Nach Queren des von Bachtälern durchfurchten Hangs wechselt der Wanderweg in den **Kocioł Łomniczki**. Hier lädt die

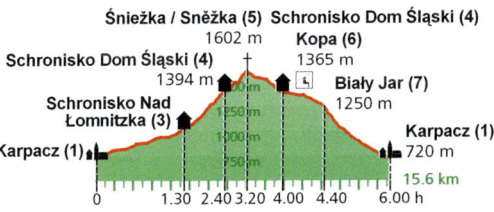

Unterhalb des Schronisko Dom Śląski (Schlesierhaus) öffnet sich der Kocioł Łomniczki (Melzergrund), durch den der Aufstieg erfolgt. Dahinter weitet sich der von Bergen umgebene Kotlina Jeleniogórska (Hirschberger Kessel).

Schronisko Nad Łomniczka (**3**, Melzergrundbaude) zur Rast ein und der lawinengefährdete Weg durch den Schlussbereich des Tals beginnt. Er folgt immer in etwa dem über Blockwerk springenden Bach. Die größten Sprünge vollführt die Kleine Lomnitz im Wasserfall **Wodospad Łomniczki**. Auf dem letzten, steilen Abschnitt des Wegs erinnert eine Gedenkstätte an Lawinenopfer, dann mündet der rot markierte Weg beim **Schronisko Dom Śląski** (**4**, Schlesierhaus) in den ebenfalls rot markierten Kammweg. Der Schlussanstieg zur **Schneekoppe** (**5**, Sněžka) erfolgt wie bei Tour 6.

Nach dem Abstieg von der Schneekoppe biegen wir am **Schronisko Dom Śląski** (**4**) rechts ab und folgen der schwarzen Markierung. Sie leitet auf der Śląska Droga (Schlesierhausweg) aussichtsreich hinüber zur Bergstation des Sessellifts an der **Kopa** (**6**, Kleine Koppe) und kurvt dort links hinab in den lawinengefährdete **Biały Jar** (**7**, Seiffengrube). Von der dortigen Verzweigung zieht die schwarze Markierung rasch abwärts, stößt unterhalb der Sessellift-Talstation wieder auf den bekannten Weg neben der Lomnitz und führt zurück zum Ausgangspunkt in **Karpacz (1)**.

Krummhübel – Hampelbaude – Kleine Teichbaude

Die Felskessel der Bergseen Wielki Staw (Großer Teich) und Mały Staw (Kleiner Teich) sind landschaftlich herausragende Hochgebirgsszenerien am steilen Nordabfall des Riesengebirges. Getrennt werden die beiden Karseen vom Felstrümmergrat Zwölferhübel, einer ehemaligen Mittelmoräne.

Talort: Karpacz (Krummhübel; → Tour 28).
Ausgangspunkt: Bushaltestelle Biały Jar (700 m) beim gleichnamigen Hotel in Karpacz.
Höhenunterschied: 770 Höhenmeter.

Einkehr: Karpacz, Schronisko Strzecha Akademicka, Schronisko Samotnia, Schronisko Domek Myśliwski. Abstecher zur Luční bouda (Wiesenbaude) möglich.

Von der Bushaltestelle Biały Jar in **Karpacz (1)** folgt die grüne Markierung der Łomnica (Lomnitz) kurz aufwärts, überquert den Fluss und wechselt auf den Weg Droga Bronka Czecha, der dem Plasawa-Tal mit immer wieder wei-

Der Mały Staw (Kleiner Teich) – Fels- und Wiesenidyll im Hang des Riesengebirgshauptkamms.

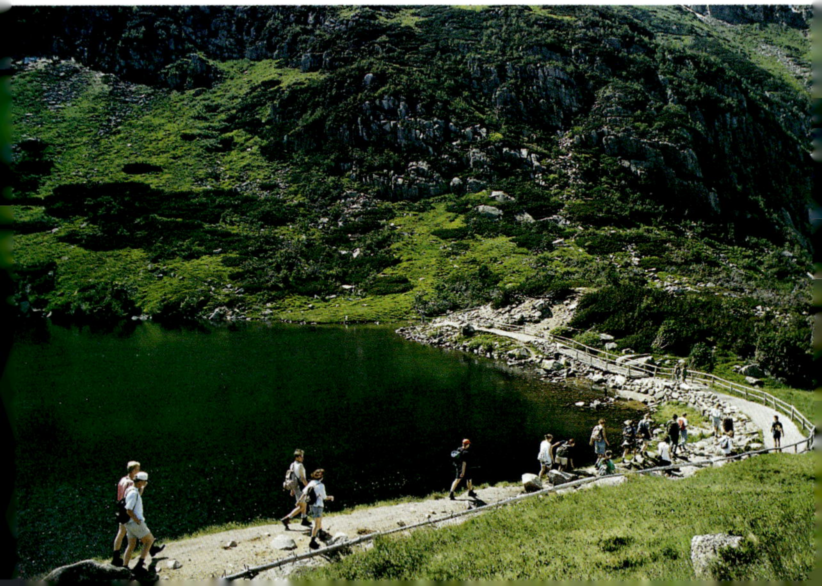

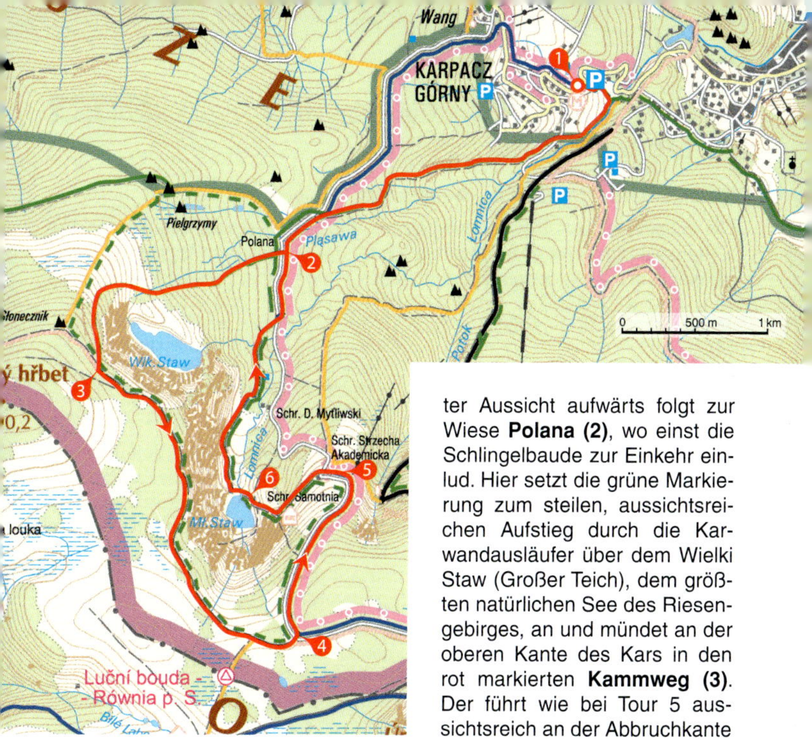

ter Aussicht aufwärts folgt zur Wiese **Polana (2)**, wo einst die Schlingelbaude zur Einkehr einlud. Hier setzt die grüne Markierung zum steilen, aussichtsreichen Aufstieg durch die Karwandausläufer über dem Wielki Staw (Großer Teich), dem größten natürlichen See des Riesengebirges, an und mündet an der oberen Kante des Kars in den rot markierten **Kammweg (3)**. Der führt wie bei Tour 5 aussichtsreich an der Abbruchkante über den Karen des Großen und des Kleinen Teichs entlang. Am Wegedreieck **Spaloná Strażnica (4)** zweigt die blaue Markierung links ab und zieht aussichtsreich hinab zur **Schronisko Strzecha Akademicka** (5, Hampelbaude). Neben der Baude verlassen wir den Transportweg und steigen ab zum **Mały Staw**, an dem die **Schronisko Samotnia** (6, Kleine Teichbaude) zur Einkehr einlädt. Vom Teich folgt die blaue Markierung einem steinigen Pfad und dann der Bergbauden-Zufahrt abwärts und zurück zur Wiese **Polana (2)**. Von dort geht es auf der bekannten Droga Bronka Czecha rechts zurück ins Lomnitztal und zum Ausgangspunkt in **Karpacz (1)** zurück.

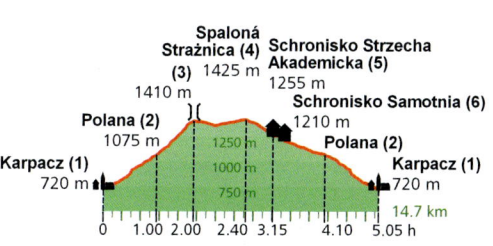

30 Karpacz Górny – Pielgrzymy – Słonecznik

3.15 Std.

Brückenberg – Dreisteine – Mittagstein

Die Stabkirche aus dem norwegischen Vang zählt zu den bedeutendsten Sehenswürdigkeiten des Riesengebirges, die gewaltigen Pielgrzymy (Dreisteine) sind eine sagenumwobene Felsformation mit exzellenter Aussicht.

Talort: Karpacz (Krummhübel; → Tour 28).
Ausgangspunkt: Stabkirche Vang im Ortsteil Karpacz Górny (Brückenberg) an der Abzweigung des für den Verkehr gesperrten Bauden-Transportwegs Na Sniežke.
Höhenunterschied: 550 Höhenmeter.

Die Stabkirche aus dem Bergdorf Vang am Rand des Gebirges Jotunheimen (»Riesenheim«) wurde 1842–44 in Brückenberg bei Krummhübel wieder aufgebaut. Die aus der Zeit um 1200 stammende Holzkirche war in Vang zum Abriss bestimmt; der in Dresden lebende norwegische Maler Johan Christian Dahl ersteigerte sie, ließ sie mit finanzieller Unterstützung König Friedrich Wilhelms IV. in Einzelteile zerlegen und auf dem Seeweg nach Stettin verfrachten. 1842 legte der König in Brückenberg den Grundstein für den Wiederaufbau, 1844 wurde das Gotteshaus wieder seiner Bestimmung übergeben. Von anderen mittelalterlichen Stabkirchen Norwegens unterscheidet es sich durch den freistehenden Glockenturm aus schlesischem Granit: Er schützt die 800 Jahre alte Holzkirche vor Fallwinden von der Schneekoppe. Während der Vertreibung der Deutschen nach dem Zweiten Weltkrieg wurde Brückenberg nach einem Stalinisten in Bierutowice umbenannt, seit 1989 heißt der Ort **Karpacz Górny (1)**.

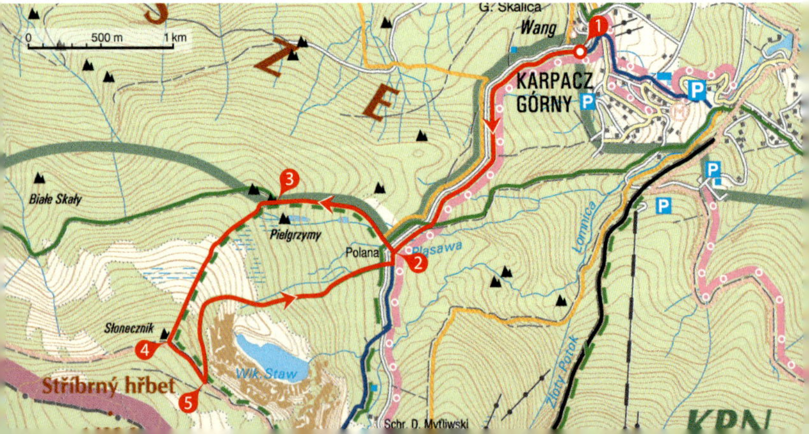

Von Norwegen ins Riesengebirge versetzt (1844): die Stabkirche von Vang.

Von der Stabkirche führt der für den öffentlichen Verkehr gesperrte Bauden-Transportweg Na Snieżke bergwärts, blau markiert. An der Wiese **Polana (2)**, wo einst die Schlingelbaude zur Einkehr einlud, führt die gelbe Markierung rechts hinauf zu den **Pielgrzymy (3)**, an denen sich ein eindrucksvoller Blick zur Schneekoppe bietet. Das berühmteste Gemälde der Dreisteine schuf 1826 Carl Gustav Carus; es zeigt laut Carus »das Knochengerüst des Erdleibes«. Auf Polnisch lautet der Name der Steine sinngemäß »Pilgerstei-ne«. Von den wollsackverwitterten Felsen leitet die gelbe Markierung zum aussichtsreichen **Słonecznik** (**4**, Mittagstein) hinauf und mündet in den rot markierten Kammweg. Diesem folgen wir kurz Richtung Schneekoppe, bis an der ersten **Verzweigung (5)** der grün markierte Bergpfad abzweigt. Steil führt er durch die Ausläufer des Kars des Wielki Staw (Großer Teich) und zurück zur Wiese **Polana (2)**, wo wir wieder auf die gelbe Markierung treffen. Sie führt zurück zur Stabkirche von Vang in **Karpacz Górny (1)**.

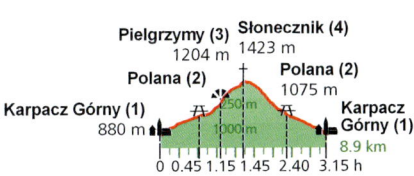

Pielgrzymy (3) 1204 m
Słonecznik (4) 1423 m
Polana (2)
Polana (2) 1075 m
Karpacz Górny (1) 880 m
Karpacz Górny (1)
8.9 km
0 0.45 1.15 1.45 2.40 3.15 h

Hain – Dreisteine – Spindlerpass

Schon der Hainfall in den Wäldern zwischen den Höhenorten Przesieka (Hain) und Borowice (Baberhäuser) ist ein lohnenswertes Wanderziel, unser Ziel jedoch ist der Przełęcz Karkonoska (tschechisch Šleské sedlo, deutsch Spindlerpass), von dem es aussichtsreich zurückgeht.

Talort: Przesieka (Hain, 590 m), ein aussichtsreich gelegenes Höhendorf im nördlichen Riesengebirge, ist Ferienort und Ausgangspunkt des Wanderwegs durch den Karkonoski-Nationalpark zum Przełęcz Karkonoska an der Grenze zu Tschechien. Vier Gebirgsbäche rauschen durch das Gemeindegebiet, der Wodospad Podgórnej (Hainfall), der bekannteste Wasserfall, erreicht in drei Stufen eine Fallhöhe von 10 m.
Ausgangspunkt: Bushaltestelle Pod Lipami (600 m) in Przesieka.
Höhenunterschied: 760 Höhenmeter.
Einkehr: Przesieka, Borowice, Odrodzenie.

Die gelbe und die grüne Markierung verlassen die Durchgangsstraße ulica Karkonoska im Höhenort **Przesieka (1)** ostwärts und führen im Wald Richtung Wodospad Podgórnej (Hainfall), dem mit 10 m Fallhöhe dritthöchsten Wasserfall im schlesischen Riesengebirge. Nach Überqueren der durch ihr Felsenbett gischtenden **Podgorna (2)** leitet die gelbe Markierung zum Bergbach **Myja (3)**, der 5 m über die Felsen stürzt und den viertgrößten Wasserfall im nördlichen Riesengebirge bildet. Nach Queren der **Baberhäuser Straße (4**, Droga Sudecka) umgeht die gelbe Markierung das Fünftälerdorf rechts, wechselt südwärts in das kaskadenreiche Jodlówka (Tannenwassertal) und schwingt im Talschlussbereich links zur Verzweigung **Rówienka (5**, Rübezahls Kegelbahn). Hier wendet man sich rechts zum Rastplatz in der Wiese **Polana (6)**, wo der Aufstieg zu den aussichtsreichen Dreisteinen **Pielgrzymy (7)** beginnt. Bei den Felsen zweigt westwärts der grün markierte Weg ab, der durch lichten Bergwald zum **Przełęcz Karkonoska (8)** führt. Dort gibt die für den öffentlichen Verkehr gesperrte Zufahrt steil und aussichtsreich die Route talwärts vor; an der Abzweigung Richtung Borowice befindet sich der höchstgelegene **Parkplatz (9)**. Wenig später sind wir zurück in **Przesieka (1)**.

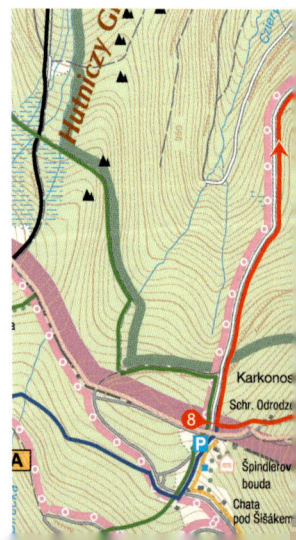

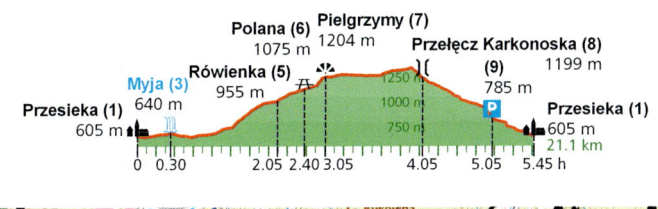

Przesieka (1)
605 m

Myja (3) 640 m

Rówienka (5) 955 m

Polana (6) 1075 m

Pielgrzymy (7) 1204 m

Przełęcz Karkonoska (8) 1199 m

(9) 785 m

Przesieka (1) 605 m
21.1 km

1250 m
1000 m
750 m

0   0.30   2.05 2.40 3.05   4.05   5.05 5.45 h

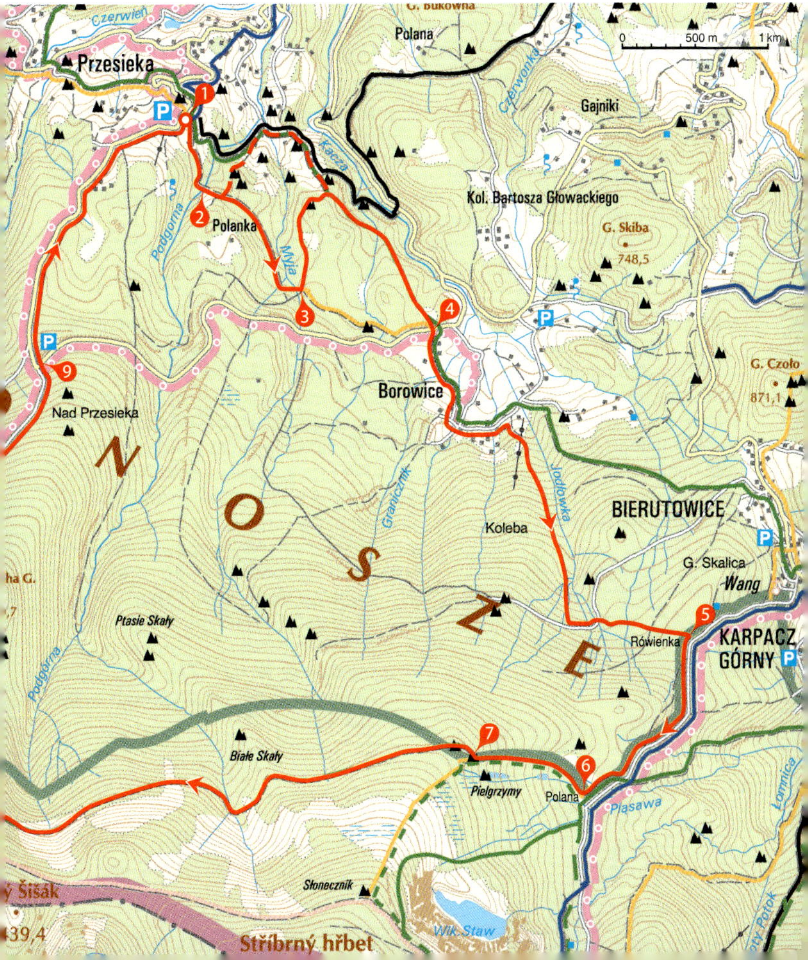

Hermsdorf – Kynastburg

Die aussichtsreiche Ruine Zamek Chojnik (Kynastburg) auf einem laubwaldgeschmückten Granitkegel über dem wildromantischen Piekielna Dolina (Höllengrund) zählt zu den faszinierendsten Ausflugszielen im Riesengebirge. Wegen der artenreichen Laubwälder wurde der Burgberg 1953 zum Naturschutzgebiet erklärt, seit 1959 ist er als tiefer gelegene Enklave Teil des Riesengebirgs-Nationalparks.

Talort: Sobieszów (Hermsdorf unterm Kynast, 360 m) ist ein Stadtteil der niederschlesischen Kreisstadt Jelenia Góra (Hirschberg). Das am Nordfuß des Riesengebirges gelegene Kirchdorf wird überragt vom Bergkegel des Chojnik (Kynast), der am tiefsten gelegenen Enklave des Karkonoski-Nationalparks.

Ausgangspunkt: Gebührenpflichtiger und bewachter Parkplatz Zamek Chojnik (370 m) in Sobieszów im Nordwestfußbereich des Kynast-Bergkegels an der Straße 366 von Piechowice nach Podgórzyn/Karpacz.
Höhenunterschied: 280 Höhenmeter.
Einkehr: Burggaststätte.

Vom Parkplatz am südlichen Ortsrand von **Sobieszów (1)** folgen die Markierungen »schwarz« und »rot« kurz der Straße aufwärts und biegen rechts auf einen für den öffentlichen Verkehr gesperrten Weg zwischen hübschen Häusern ab. Am Ende der Bebauung halten beide Markierungen geradeaus, während links das Riesengebirgs-Nationalpark-Museum (Muzeum KPN) ausgeschildert ist. Nach Passieren einer **Stufenanlage im Wald (2)** trennen sich »schwarz« und »rot«. Wir entscheiden uns für die weniger begangene Route »schwarz«, die recht steil links aufwärts und an den Zbójeckie Skały (Moltke- bzw. Räuberfelsen) mit der Räubergrotte vorbeiführt. Schließlich vereinigt sich »schwarz« wieder mit dem Hauptwanderweg »rot« und zieht im Wald links hinauf. An der nächsten Serpentine findet sich ein Lochfelsen mit guter Aussicht. Wenig später ist der **Zamek Chojnik (3)** erreicht, der gegen Eintritt zu besichtigen ist.

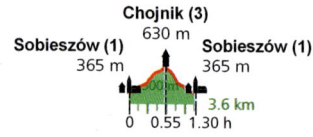

Auf einem laubwaldgeschmückten Bergkegel thronen aussichtsreich die Ruinen der sagenumwobenen Burg Zamek Chojnik (Kynastburg).

Der Bergfried bietet eine weite Aussicht auf das Riesengebirge und das Hirschberger Tal. Herzog Bolko von Schweidnitz ließ die Burg 1292 errichten, 1675 verwandelte sie ein Blitzschlag in eine Ruine. Die Sage von der schönen Kunigunde, die ihren Freiern die Aufgabe stellte, die Feste dreimal auf der Burgmauer zu umreiten, gab Anlass für ein Festspiel, das früher alljährlich im Burghof veranstaltet wurde. Die Freier stürzten in den Höllengrund, nur einem gelang das Umreiten der Burg, doch er verschmähte die Kunigunde, und nun stürzte sie sich selbst in den Höllengrund.

Aus dem Tor der Burganlage tretend, gehen wir mit der Richtungsangabe »Sobieszów p. Piekielną Doline« und verschiedenen Markierungen rechts an der Burg entlang. Der Weg durchschreitet bald ein Törchen und steigt nun, markiert mit grünem Schrägrechtsbalken, steinig und steil rechts in den Höllengrund **Piekielna Dolina** ab. An einer Stelle kommt der Pfad unter den wandartig abfallenden Burgfelsen vorbei (schöner Aufblick), dann senkt er sich endgültig in die Laubwald- und Felsenwildnis des Höllengrundes, in dem die verschmähte Kunigunde und ihre Freier endeten. Schließlich mündet der Höllengrundpfad auf den rot markierten Hauptwanderweg und dieser führt zum Ausgangspunkt in **Sobieszów (1)** zurück.

Agnetendorf – Mädelsteine – Agnetendorfer Pass

Der recht steile Aufstieg auf dem Korallenweg zum Riesengebirgshauptkamm zählt zu den aussichtsreichen Standardwanderungen im nördlichen Riesengebirge. Das Foto auf S. 109 zeigt einen großen Teil der Route: Links ist die Czarny Kocioł (Agnetendorfer oder Schwarze Schneegrube) zu sehen, auf dem Rücken davor zeigen sich die Paciorki (Korallensteine), an denen wir während des Aufstiegs rasten werden, rechts wiederum ist das Doppelkar der Śnieżne Kotły (Große und Kleine Schneegrube) zu sehen.

Talort: Jagniątków (Agnetendorf, 550 m), Luftkurort im Nordhang des Riesengebirges, ist der am weitesten bergwärts gelegene Stadtteil der niederschlesischen Kreisstadt Jelenia Góra (Hirschberg). Das Kirch- und Villendorf im idyllischen Wiesental des Wrzosówka (Heidwassers) am Karkonoski-Nationalpark wurde bekannt als Wohnsitz des Literaturnobelpreisträgers Gerhart Hauptmann, der hier die schlossähnliche Jugendstilvilla »Haus Wiesenstein« errichten ließ und in ihr 1946, kurz vor der Zwangsausweisung, starb (beigesetzt auf Hiddensee). 2001 wurde in »Haus Wiesenstein« das Kulturzentrum und Museum »Dom Gerharta Hauptmanna« eröffnet.
Ausgangspunkt: Parkplatz am Museum Dom Gerharta Hauptmanna im Haus Wiesental an der Straße Michałowicka 32 in Jagniątków, Ortsteil von Jelenia Góra.
Höhenunterschied: 930 Höhenmeter.
Einkehr: Petrova bouda (niedergebrannt).
Variante: Von der Verzweigung Rozdroże pod Śmielcem führt der Nordhangpfad »grün« links hinab und unterhalb der Schwarzen Schneegrube (Czarny Kocioł) entlang und stößt später auf die Abstiegsroute (Gehzeit 1 Std.; Höhenunterschied dann nur 700 m). Der Nordhangpfad bietet Aufblicke durch die Felswände der Czarny Kocioł, in deren Seen sich die Quellbäche des Wrzosówka sammeln. Im Osten der Karnische liegt der sogenannte Wanderstein, ein 15 Tonnen schwerer Felsblock, der sich hin und wieder von seiner jeweiligen Lagerstätte wegbewegt haben soll, wobei er nicht gerollt, sondern gerückt sein soll.

Das Museum Dom Gerharta Hauptmanna im Haus Wiesental in **Jagniątków (1)** steht im Hang oberhalb des Wrzosówka (Heidwassers), dessen Tal fast während des gesamten Aufstiegs die Route weist: Die Czarny Kocioł ist das Quellkar des Heidwassers, das auch Schneegrubenwasser heißt. Vom Museum geht es wenige Dutzend Meter zurück und den ersten Asphaltweg pa-

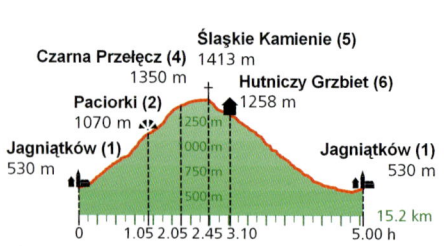

Śląskie Kamienie (5)
Czarna Przełęcz (4) 1413 m
1350 m
Hutniczy Grzbiet (6)
Paciorki (2) 1258 m
1070 m
Jagniątków (1)
530 m
Jagniątków (1)
530 m
15.2 km
0   1.05 2.05 2.45 3.10   5.00 h

rallel zum Heidwasser aufwärts. Der Weg verliert gleich darauf seinen Asphaltbelag und hält unter dem Namen Koralówa Ścieżka (Korallenweg) bergwärts, wobei er immer in etwa dem Rücken westlich über dem Heidwasser folgt. Die namengebenden **Paciorki** (**2**, Korallensteine) sind ein aussichtsreicher Rastplatz; der polnische Name bedeutet »Perlen«. Kurz oberhalb dieser Felsen quert an der Verzweigung **Rozdroże pod Śmielcem (3)** der grün markierte Nordhangpfad im Hang des Śmielec (Große Sturmhaube), dann mündet der Korallenweg am Sattel **Czarna Przełęcz** (**4**, tschechisch Sedlo nad Martinovkou, deutsch Agnetendorfer Pass) in den rot markierten Kammweg. Dieser führt ostwärts über die Kuppe der »böhmischen« Czeskie Kamienie (Mannsteine) und zu den aussichtsreichen »schlesischen« **Śląskie Kamienie** (**5**, Mädelsteine) und senkt sich zur Verzweigung **Hutniczy Grzbiet (6)** bei der niedergebrannten Petrova bouda. Hier zweigt der schwarz markierte Weg »Petrowka« ab und führt zurück nach **Jagniątków**, wobei das Sopot-Tal durchgehend die Route vorgibt. Die Petrowka war früher eine der bekanntesten Hörnerschlittenrouten des Riesengebirges. Von der Petrova bouda, in der die Schlittenbegeisterten nächtigten, ging es in rasanter Fahrt abwärts, vorbei an der Abzweigung des **Nordhangpfads (7)**, wenig später steht eine Schutzhütte am Weg. Fast immer in der Falllinie geht es hinab nach **Jagniątków (1)** und weiter abwärts bis Sobieszów (Hermsdorf unterm Kynast).

TOP

34 | **Michałowice – Wysocki Most – Pod Łabskim Szczytem** | 6.30 Std.

Kiesewald – Hohe Brücke – Alte Schlesische Baude

Vom aussichtsreichen Ferienort Michałowice (Kiesewald) führt diese Rundwanderung zum Riesengebirgshauptkamm.

Talort: Piechowice (Petersdorf, 360 m) liegt im Zackental am Nordfuß des Riesengebirges. Das Gemeindegebiet reicht im Karkonoski-Nationalpark bis hinauf zum Wielki Szyszak (Hohes Rad, 1509 m) auf dem Riesengebirgshauptkamm und umfasst das Doppelkar der Śnieżne Kotły (Schneegruben).

Ausgangspunkt: Ortsmitte am Platz mit den Kastanien (650 m) in dem Bergdorf Michałowice (Kiesewald) südlich von Piechowice an der Durchgangsstraße von Piechowice nach Jagniątków. Bushaltestelle im Nahverkehrsverbund Jelenia Góra.

Höhenunterschied: 860 Höhenmeter.

Einkehr: Pod Łabskim Szczytem.

Variante: An der Mokre Rozdroże (Nasse Wegscheide) biegen wir rechts auf den Nordhangpfad »grün« ab, wandern zu den Śnieżne Kotły (→ Tour 3) und erreichen wieder die Wegekreuzung Rozdroże pod Wielkim Szyszakem. Von dort geht es mit »blau« auf derselben Route wie beim Aufstieg zurück (Gehzeit knapp 1 Std.; Höhenunterschied dann 900 m).

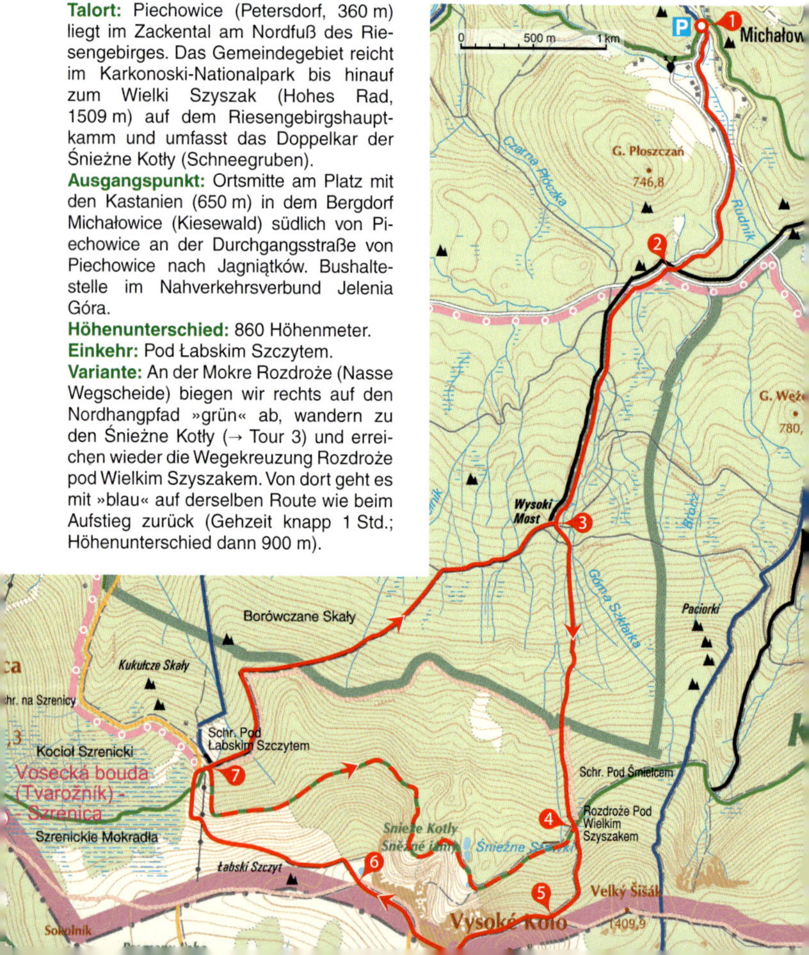

Blick von Michałowice (Kiesewald) hinauf zur Großen und Kleinen Schneegrube (rechts).

In **Michałowice (1)** führt die Durchgangsstraße Sudecka wenige Meter Richtung Jagniątków, bis die blaue Markierung rechts hinab auf den Asphaltweg Śnieżne abzweigt. Nach Durchqueren einer Senke wechselt die blaue Markierung links auf einen ungeteerten Weg und taucht bald darauf in den Wald ein. Bei den **Trzy Jawory** (**2**, Drei Urlen, Urlen = Ahorne) geht es kurz rechts auf dem fahrradfähigen Weg und an der nächsten Verzweigung links aufwärts zur Wegespinne an der **Wysoki Most (3**, Hohe Brücke). Steil zieht die blaue Markierung weiter aufwärts zur Wegekreuzung **Rozdroże pod Wielkim Szyszakem (4)**, wo der Nordhangpfad kreuzt, und mündet im Hang des Vysoké Kolo (Hohes Rad) auf den rot markierten **Kammweg (5)**. Wie bei Tour 3 geht es auf dem Kammweg rechts hinauf und zu den Aussichtsstellen über den Śnieżne Kotły (Schneegruben) und schließlich an der Sendestelle vorbei bis zum Abzweig der **gelben Markierung (6)**. Der Pfad ist nicht namentlich ausgeschildert, aber unscheinbar markiert. Er zweigt auf der sanften Höhe zwischen Sender und Łabski Szczyt (Veilchenstein) rechts ab und führt hinab zur **Mokre Rozdroże** (Nasse Wegscheide) und zur **Hala pod Łabskim Szczytem (7**, Alte Schlesische Baude) Dort empfängt uns uns die schwarze Markierung und führt uns zurück zur **Wysoki Most (3)**. Der weitere Abstieg nach **Michałowice (1)** mit der blauen Markierung erfolgt auf derselben Route wie beim Aufstieg.

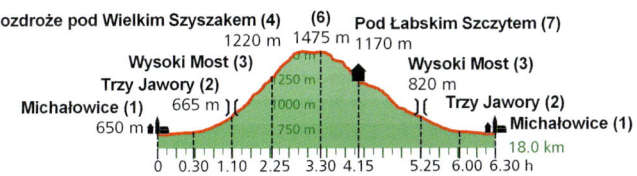

Rozdroże pod Wielkim Szyszakem (4) (6) Pod Łabskim Szczytem (7)
1220 m 1475 m 1170 m
Wysoki Most (3) Wysoki Most (3)
Trzy Jawory (2) 820 m
Michałowice (1) 665 m)(Trzy Jawory (2)
650 m Michałowice (1)

250 m
000 m
750 m

18.0 km

0 0.30 1.10 2.25 3.30 4.15 5.25 6.00 6.30 h

Kochelfall – Alte Schlesische Baude

Vom viel besuchten Wodospad Szklarki (Kochelfall) führt diese Rundwanderung zur aussichtsreichen Hochalm unter dem Łabski Szczyt (Veilchenstein) und via Kukułcze Skały (Kuckucksteine) und die Złote Jamy (Goldgruben) zurück nach Szklarska Poręba (Schreiberhau). Es empfiehlt sich, die Wanderung wie bei Tour 3 zu den Śnieżne Kotły (Schneegruben) zu verlängern.

Talort: Szklarska Poręba (Schreiberhau, 660 m; → Tour 1).
Ausgangspunkt: Parkplatz und Bushaltestelle Szklarska (510 m) an der E 65

östlich von Szklarska Poręba Górna.
Höhenunterschied: 660 Höhenmeter.
Einkehr: Kochanówka, Pod Łabskim Szczytem.

Am Parkplatz **Szklarska (1)** überschreiten wir den Fluss Kamienna (Großer Zacken), wenden uns flussabwärts und entrichten Eintritt. Wir überschreiten die Szklarka (Kochel) und treffen auf die Markierung »blau«, die kochelaufwärts hält und zum **Wodospad Szklarki (2)** hinaufführt. Dieser Bereich des Kocheltals mit seinen malerischen Felsformationen und Laubwäldern steht unter Schutz. Die blaue Markierung führt weiter aufwärts, passiert die Rückweg-Einmündung **Na szlaku do wodospadu Szlarki (3)** und verlässt das Tal. Man quert den fahrradfähigen Weg **Droga pod Reglami (4)**, überschreitet am **Czeska Kładka (5**, Böhmischer Steg) den Szrenicki Potok (Reifträgerbach) und folgt dem Böhmischen Weg, einem historischen Handelsweg, zur Alm mit

der Herberge **Pod Łabskim Szczytem (6**, Alte Schlesische Baude). Hier bietet sich eine hervorragende Aussicht auf das Zackental, auf den Kotlina Jeleniogórska (Hirschberger Kessel), auf das Isergebirge und zu den Śnieżne Kotły. Nun leitet die gelbe Markierung an den **Kukułcze Skały** vorbei und auf dem Stara Droga (Käsebrettweg) hinab in das Gebiet der **Złote Jamy (7)**, wo früher Goldsucher unterwegs waren. In **Szklarska Poręba** trifft »gelb« an der Straße »1 Maja« **(8)** auf die schwar-

Der Wodospad Szklarki gilt als schönster Wasserfall des Riesengebirges.

ze Markierung. Sie leitet rechts durch die Hangstraße, zweigt an einem Restaurant rechts ab in die Straße **Hugona Kołłątaja (9)** und mündet in den

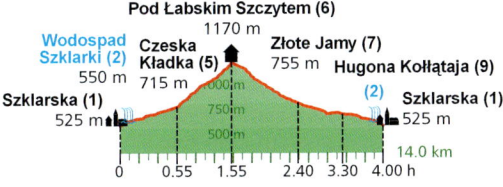

blau markierten Weg **(3)**, der links zurück zum **Wodospad Szklarki (2)** und zum Ausgangspunkt **(1)** führt.

Isergebirge – Jizerské hory – Góry Izerskie

Das Isergebirge ist die nur in den Randlagen besiedelte Wald-, Felsen-, Berg-wiesen- und Hochmoorregion, die im Osten nahtlos an das Riesengebirge an-schließt und den Westausläufer der Sudeten bildet. Höchste Erhebungen sind die mächtige Kuppel des Smrk (polnisch Smrek, deutsch Tafelfichte, 1224 m) im tschechisch-polnischen Grenzgebiet und der Wysoka Kopa (Hinterberg, 1126 m) in Polen. In den Moorwiesen am Smrk entspringt die Jizera (Iser), nach der das Gebirge benannt ist und deren Oberlauf die tschechisch-polni-sche Grenze folgt. In den unteren und mittleren Lagen des Isergebirges bis hinauf auf etwa 700 bis 800 m empfangen den Wanderer artenreiche Laub- und Laubmischwälder mit üppiger Gras- und Krautschicht, naturnahe Fels- und Wurzelpfade, in Kaskaden und Wasserfällen durch Schluchten zu Tal brau-sende Bergbäche und mächtige Felsformationen mit fantastischer Aussicht. Die oberen Lagen ab etwa 700 bis 800 m sind teils mit Fichtenforsten bestockt, teils von nassen Hochmoor-Wollgraswiesen bedeckt, insgesamt jedoch weit-flächig entwaldet bzw. vom Waldsterben geprägt.

Von der naturräumlichen Gliederung besteht das Isergebirge aus mehreren Kämmen, die von aussichtsreichen Felsen durchbrochen werden und nahezu parallel in der Hauptrichtung der Sudeten von Südosten nach Nordwesten streichen. Der höchste, weit nach Osten greifende Kamm ist der Wysoki Grzbiet (Hohe Iserkamm). Er steigt bei der Stadt **Szklarska Poręba** (Schrei-berhau) aus dem Tal des Kamienna (Zacken) auf, erreicht im Wysoki Kamień (Hochstein,1058 m) einen der bekanntesten Aussichtspunkte und gipfelt hoch über dem Kurort **Świeradów Zdrój** (Bad Flinsberg) im Smrk. Im Mittelalter suchten die Menschen auf dem Wysoki Grzbiet nach Gold und Edelsteinen, heute befindet sich im Bereich des Gipfels Izerskie Garby (Weiße Flins, 1084 m) der höchstgelegene Quarzsteinbruch Polens.

Die felsigsten, steilsten, spannendsten Partien des Isergebirges sind die Ab-stürze über dem weiten Tal der Smědá (Wittigtal). An der Smědá liegt der alte Marienwallfahrtsort **Hejnice** (Haindorf) mit barocker Fischer-von-Erlach-Kir-che. Gleich oberhalb öffnen sich wilde, steile Täler, die zu den Felsen hinauffüh-ren, z. B. zu den Frýdlantské cimbuří (Friedländer Zinnen, Tour 43) und zum Ořešník (Nussstein) und zur Krásná Maří (Schöne Marie, Touren 44 und 45). Ein hervorragendes Wandergebiet ist auch – ein Stück weiter westlich – der Bereich über dem Čertova jama (Teufelsloch) mit den teils urwaldartig unbe-rührten Fels- und Laubwaldnaturschutzgebieten Stržový vrch (Grubberg) und – westlich anschließend – Oldřichovský Špičák (Buschullersdorfer Spitzberg, Tour 46).

Das zweite Stadtzentrum im Wittigtal ist **Frýdlant** (Friedland). Der Name ist eng verbunden mit dem Feldherrn Albrecht von Valdštejn oder Wallenstein, den Kaiser Ferdinand während des Dreißigjährigen Kriegs zum Herzog von Fried-land erhob. Das Herzogtum umfasste neun Städte, darunter die Tuchmacher-

und Glasherstellerstadt **Liberec** (Reichenberg) im oberen Tal der Lausitzer Neiße zwischen Isergebirge und Ještěd (Jeschken, Tour 50). 1634 wurde Wallenstein, »der Friedländer«, in Eger ermordet. Beigesetzt wurde er in der Kartause Validice (Karthaus) bei Jičín, 1785 wurden seine Überreste in die Schlosskappelle von Mnichovo Hradiště (Münchengrätz) an der Iser überführt. Residenz des Herzogtums Friedland war die Stadt **Jičín** im südlichen Vorland von Riesen- und Isergebirge.

Ausblick während des Aufstiegs zur Štěpanka auf das Isergebirgsvorland.

36 Příchovice – Štěpanka – Paseky

4.45 Std.

Prichowitz – Stephansturm – Pasek

Die Štěpánka (Stephansturm) gilt als der schönste Aussichtsturm des Isergebirges. Der Turm steht auf der laubwaldgeschmückten Hvězda (Stephanshöhe, 959 m) oberhalb der Ortschaft Příchovice (Prichowitz) in der heutigen Gemeinde Kořenov (Wurzelsdorf). Dank der Lage im Randbereich der Gebirge schweift der Blick auf Iser-, Riesen- und Jeschkengebirge sowie weit hinaus in das böhmische Vorland. Nach der Rundschau auf dem Štěpánka erwartet uns bei dieser eher gemütlichen Wanderung überwiegend die Stille der Wälder, teilweise begleitet vom Rauschen der Iser, gelegentlich durchbrochen von kleinen Dörfern und aussichtsreicher Feld- und Wiesenflur.

Talort: Kořenov (Wurzelsdorf, 700 m) ist ein weit verzweigter Ferien- und Wintersportort an der Iser. Westwärts erstreckt sich das Gemeindegebiet in das Naturschutzgebiet Isergebirge, östlich und südlich hat es Anteil an Ausläufern des Riesengebirgs-Nationalparks Krkonošský. Der Ortsteil Dolní Kořenov (Unter-Wurzelsdorf) war im 19. Jh. unter dem Namen Bad Wurzelsdorf als Kurort mit Schwefelquelle bekannt.
Ausgangspunkt: Bushaltestelle Příchovice (825 m) im gleichnamigen Ortsteil von Kořenov.
Höhenunterschied: 640 Höhenmeter.
Einkehr: Chata Hvězda, Turnovská chata, Na Mýtě, Paseky nad Jizerou.

Von der Bushaltestelle in **Příchovice (1)** geht es wenige Meter die Straße aufwärts, bis die Markierungen »gelb« und »blau« links Richtung Hvězda (Stephanshöhe) abzweigen. Der aussichtsreiche Aufstieg zwischen Feldern und Wiesen zur Herberge **Chata Hvězda (2)** vermittelt einen Vorgeschmack auf die Rundschau vom Aussichtsturm **Štěpánka (3)** auf der laubwaldgeschmückten Hvězda. Zurück zur Herberge **Chata Hvězda (2)** am Waldrand unterhalb des Turms: Die grüne Markierung zweigt links ab, führt an der nahen Herberge **Turnovská chata (4)** vorbei und senkt sich nach **Dolní Kořenov (5,** Unter-Wurzelsdorf) im Isertal, wo an der ersten Brücke die blaue Markierung die Routenführung übernimmt mit Richtungsangabe »Na Mýtě«. Nach wenigen Minuten verlässt der Weg das bebaute Gebiet und durchzieht den **Babí kout** (Hexenwinkel) neben der Iser. Die blaue Markierung folgt nun immer in etwa der Iser, leider nicht unten neben dem Fluss, sondern im Hang. (Wer auf eigene Faust einen Abstecher unternimmt, stößt in den schluchtartigen Jizerský důl (Isergrund); neben dem breit in Kaskaden und Schnellen dahinrauschenden Fluß wachsen kraftvolle Ahorne und Buchen und üppige Moospolster überziehen die Felsabstürze.) Das einstige Bergbaudorf **Havírna (6)** ist wieder eine größere Siedlung. Wenn hinter Havírna die grüne Markierung kreuzt, folgen wir ihr hinauf in das aussichtsreiche Wintersportbergdorf **Paseky nad Jizerou (7,** Pasek an der Iser) mit einem Riesenge-

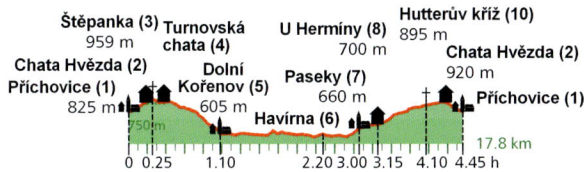

Štěpanka (3) 959 m — **Turnovská chata (4)** — **U Hermíny (8)** 700 m — **Hutterův kříž (10)** 895 m

Chata Hvězda (2) — **Příchovice (1)** 825 m — **Dolní Kořenov (5)** 605 m — **Paseky (7)** 660 m — **Chata Hvězda (2)** 920 m — **Příchovice (1)**

Havírna (6)

750 m

500 m

17.8 km

0   0.25   1.10   2.20 3.00 3.15   4.10 4.45 h

birgsgeigenbaumuseum, der barocken Wenzels-Kirche und hübschen Holzhäusern. Von Paseky nad Jizerou zieht die grüne Markierung aufwärts zum **Restaurant U Hermíny (8)**, umgeht ein Skipistengebiet und trifft an der Verzweigung **Na Perličku (9)** auf die gelbe Markierung. Diese leitet rechts zum **Hutterův kříž (10**, Hutters Kreuz) unter dem sagenumwobenen **Bílá skála** (Haidstein), der weite Aussicht bietet. Vom Hutterův kříž zieht die gelbe Markierung hinüber zur bekannten **Chata Hvězda (2)** am Fuß der Hvězda, dann führt die blaue Markierung nach **Příchovice (1)** zurück.

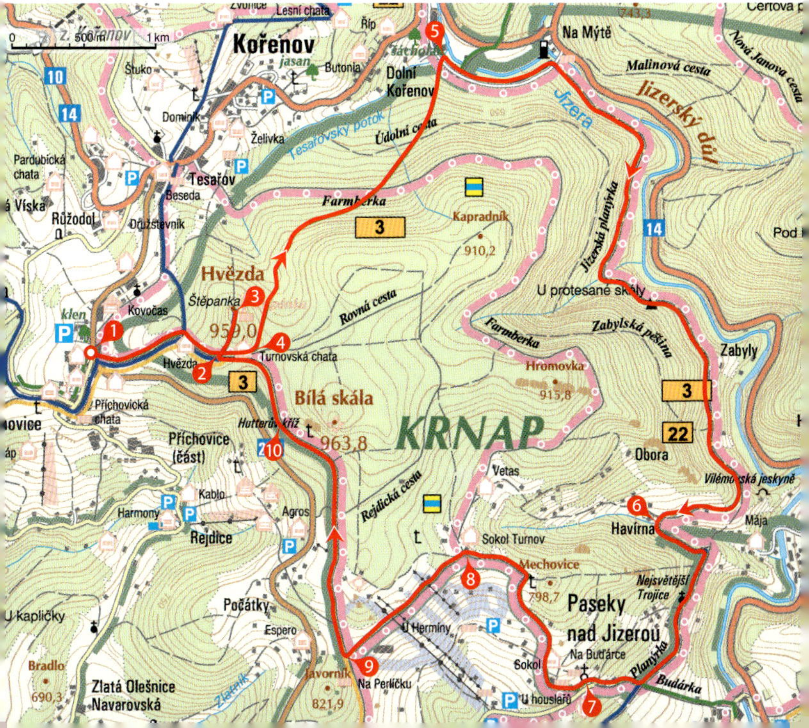

4.00 Std.

Wurzelsdorf – Buchberg – Ober-Polaun

Durch das Isertal führt diese ruhige Wald- und Aussichtswanderung auf den Bukovec (Buchberg), der wegen seines Pflanzenreichtums oft als »Garten des Isergebirges« bezeichnet wird.

Talort: Kořenov (Wurzelsdorf, 700 m; → Tour 36).
Ausgangspunkt: Bahnhof Kořenov (700 m) an der Linie Tanvald – Harrachov,
auch Bushaltestelle der Linie Jablonec nad Nisou – Tanvald – Harrachov.
Höhenunterschied: 280 Höhenmeter.
Einkehr: Bukovec.

Vom Bahnhof **Kořenov (1)** führt die gelbe Markierung links hinab Richtung Jizerka, wobei der Blick zur Sprungschanze auf dem Teufelsberg von Harrachov fällt. Beim Parkplatz in der ersten Serpentine verlässt die Markierung die Straße und wechselt links auf einen Waldweg, der an der Brücke **Udoli Jizery (2)** auf den rot markierten Europäischen Fernwanderweg 3 mündet. Im stillen Isertal führt der E 3 aufwärts, die Iser bildet hier die Grenze zwischen Tschechien und Polen sowie zwischen Iser- und Riesengebirge. Schließlich verlässt der E 3 das Tal und führt hinauf zum Parkplatz an der Herberge **Chata pod Bukovcem (3)** auf dem Sattel unter dem **Bukovec**. Hier bietet sich eine hervorragende Aussicht auf das Riesengebirge sowie hinüber zur Kuppe des Smrk (Tafelfichte), des zweithöchsten Bergs im Isergebirge. Am Parkplatz beginnt ein Naturlehrpfad durch die Wälder des Bukovec. Die blaue Markierung folgt vom Parkplatz der Zufahrt kurz südwärts mit Rich-

Herbst an der Iser.

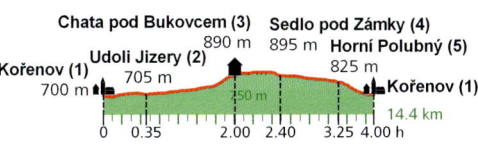

tungsangabe »Na Zámky«, zweigt nach wenigen Minuten rechts ab und hält auf einem Waldweg sacht aufwärts zum Wegedreieck **Sedlo pod Zámky (4)** in der Senke zwischen den felsbekrönten Bergen **Zámky** und **Bílé kameny**. Von hier senkt sich die gelbe Markierung im Zámky-Westhang sacht südostwärts auf dem Wirtschaftsweg Knížecí cesta. Schließlich trifft die gelbe Markierung wieder auf die Straße, folgt ihr kurz abwärts, zweigt vor den ersten Häusern des Höhendorfs **Horní Polubný (5**, Ober-Polaun) links ab und führt nach **Kořenov (1)** zurück.

Buchberg – Wittighaus – Siechhübel

Diese aussichtsreiche Höhen- und Talwanderung folgt mit Ausnahme des Siechhübel-Abstechers fahrradfähigen Wegen und ist eine beliebte Skiroute. Die als Urwaldreservat ausgewiesene Jizera (Siechhübel) wird von Waldsterben geprägt, ist allerdings ein hervorragender Aussichtsfelsen.

Talort: Kořenov (Wurzelsdorf, 700 m; → Tour 36).
Ausgangspunkt: Großparkplatz (910 m) am Bukovec (Buchberg) nördlich von

Kořenov.
Höhenunterschied: 440 Höhenmeter.
Einkehr: Bukovec, Kiosek, Smědava (Wittighaus), Jizerka (Klein Iser).

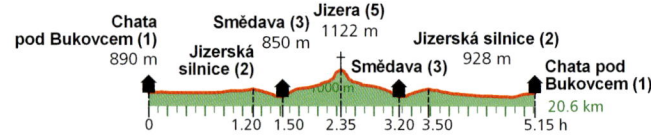

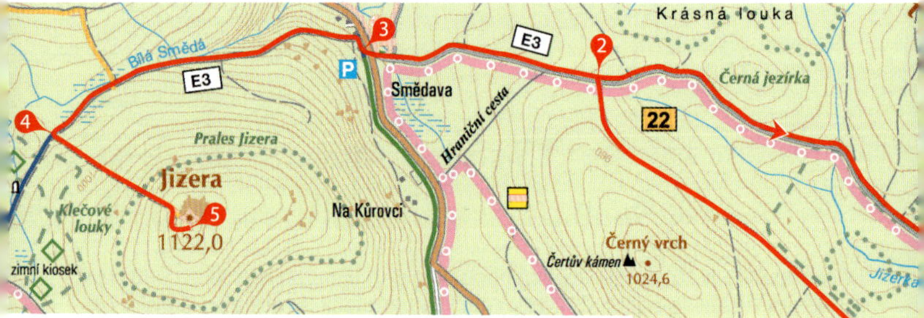

Vom Parkplatz an der Herberge **Chata pod Bukovcem (1)** auf dem Sattel unter dem **Bukovec** (Buchberg) geht es wenige Schritte auf der Zufahrtsstraße zurück, bis rechts ein für den öffentlichen Verkehr gesperrter Asphaltweg abzweigt, die Promenádní cesta (Promenadenweg). Auf etwa gleichbleibender Höhe führt sie aussichtsreich im entwaldeten Hang über dem Tal der Kleinen Iser (Jizerka) dahin und mündet am Kiosk

Hinter der Smědava zeigen sich die aussichtsreichen Hochpartien des Isergebirges.

Kiosek u Joukla Promenáda auf die für den öffentlichen Verkehr gesperrten **Jizerská silnice** (**2**, Iserstraße), die westwärts zum Berggasthof **Smědava** (**3**, Wittighaus) im Quellgebiet der Wittig führt. Bei klarer Sicht lohnt hier der Abstecher auf die Jizera: Dazu folgt man der Blaustrich-Markierung westwärts, bis an der Verzweigung **Pod Jizerou (4)** der gelb markierte Aufstieg

auf die **Jizera (5)** beginnt. Der auf Stufen ersteigbare Gipfel bietet eine hervorragende Rundschau, die sich vom Ještěd (Jeschken) bei Liberec bis zum Kotel im Riesengebirge und weit in das Vorland hinein erstreckt; der aussichtsturmüberhöhte Berg im Südosten ist die Stephanshöhe.

Zurück zur **Smědava (3)**: Auf der vertrauten Iserstraße geht es zurück zum **Kiosek (2)** und geradeaus ins Tal der Jizerka (Kleine Iser), bald begleitet von dem über Blockwerk springenden Bach. Kurz vor Erreichen des Dorfs **Jizera** (Klein-Iser), der höchstgelegenen Ortschaft des Isergebirges, setzen Birken, Wacholder und Wollgräser farbenfrohe Akzente im Torfmoor-Naturschutzgebiet Rašeliniště Jizerky. Von dem winzigen Dorf leitet die Straße zurück zum Parkplatz am **Bukovec (1)**.

119

Ober-Schreiberhau – Hochstein – Todeskurve

Diese Wanderung führt zum aussichtsreichen Hochstein auf dem Hohen Iserkamm.

Talort: Szklarska Poręba (Schreiberhau, 660 m; → Tour 1).
Ausgangspunkt: Bahnhof Szklarska Poręba Górna (Ober-Schreiberhau, 700 m) an der grenzüberschreitenden Za-

ckenbahn von Jelenia Góra nach Kořenov.
Höhenunterschied: 410 Höhenmeter.
Einkehr: Saisonal Imbissstände.
Variante: Alternativer Startpunkt ist der Wanderparkplatz an der Todeskurve.

Der Bahnhof **Szklarska Poręba Górna** (**1**, Ober-Schreiberhau) ist als Startpunkt von Wanderwegen zu den Aussichtsfelsen auf dem Hohen Iserkamm einerseits sowie zum Wodospad Kamieńczyka (Zackelfall) und auf die Szrenica (Reifträger) andererseits ein Dreh- und Angelpunkt für Wanderer im Riesen- und Isergebirge. Die vielen Ortsteile von **Szklarska Poręba** sind ein Ergebnis der Wirtschaftsgeschichte: Der erste »Hau« in den Wäldern am Zacken wurde im Mittelalter für eine Glashütte gerodet (bezeugt seit 1366). Diese Glashütte, in der auch der helle Quarz vom Hohen Iserkamm geschmolzen wurde, fraß die umgebenden Wälder. Wenn die Wälder verschwunden waren, zog die Glashütte weiter auf den nächsten »Hau«, während der Grundherr am alten Hau Kolonisten ansiedelte. Auf diese Weise entstand im Lauf der Jahrhunderte die Kulturlandschaft von **Szklarska Poręba**. Vom Bahnhof geht es parallel zum Gleiskörper kurz abwärts und unten links durch die Eisenbahnunterführung. Gleich darauf zweigt die rote Markierung des Europäischen Fernwanderwegs 3 links in den Hang ab. An der Hangstraße **Osiedle Podgórze** (**2**) zieht die rote Markierung links versetzt geradeaus weiter hangaufwärts, an der Kreuzung mit einem Wirtschaftsweg laden **Sitzbänke** (**3**) zu aussichtsreicher Rast ein. In vergleichsweise sanftem Aufstieg führt der E 3 weiter auf den in den Hochlagen von Waldschäden gezeichneten **Wysoki Grzbiet** (Hoher Iserkamm) mit der Felsbastion des **Wysoki Kamień** (**4**, Hochstein): Hier öffnet sich ein herrlicher Rundblick auf das Rie-

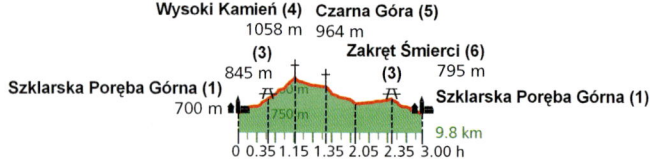

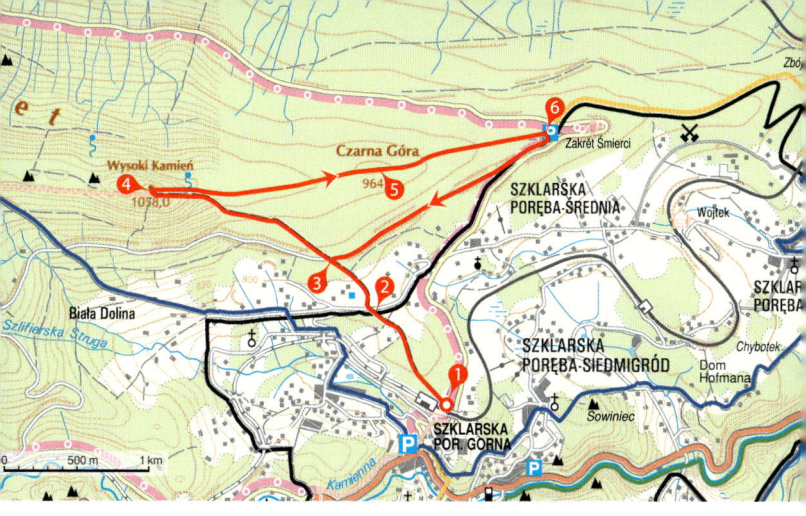

sengebirge, auf das Isergebirge mit dem Smrk (Tafelfichte) und auf den Kotlina Jeleniogórska (Hirschberger Kessel); genau im Westen rundet sich der Wysoka Kopa (Hinterberg, 1126 m), der höchste Berg des Isergebirges.

Der Wysoki Kamień bildet den östlichen Eckpfeiler des Hohen Iserkamms, 1837 ließ Graf Schaffgotsch auf dem Gipfel eine Hütte errichten, 1875 wurde die Hochsteinbaude mit Aussichtsturm errichtet. Die Gebäude wurden im Jahre 1882 durch einen Brand zerstört, aber schnell wieder aufgebaut. Am Ende des Zweiten Weltkriegs wurde die Baude von der siegreichen Roten Armee verwüstet und ausgeraubt.

Während die rot markierte E 3 vom Hochstein westwärts weiterführt, folgen wir der gelben Markierung auf dem von zahlreichen Felsen durchbrochenen Iserkamm ostwärts über den **Czarna Góra** (**5**, Schwarzer Berg) hinab zur **Zakręt Śmierci** (**6**, Todeskurve). Die 180-Grad-Kurve an der Passstraße von Sklarska Poręba nach Świeradów Zdrój (Bad Flinsberg) verdankt ihren Namen zahlreichen Verkehrsunfällen. Ein Ziel für Ausflügler ist sie dank der prachtvollen Aussicht auf das Isergebirge und den Kotlina Jeleniogórska (Hirschberger Kessel). Von der Zakręt Śmierci (Bushaltestelle, Parkplatz, saisonal Verkaufsstände) folgen wir der Straße wenige Minuten talwärts Richtung Sklarska Poręba, bis rechts ein Wirtschaftsweg in den Hang abzweigt und zurück zum **Rastplatz (3)** am Europäischen Fernwanderweg führt. Der E3 führt zurück zum Ausgangspunkt, dem Bahnhof **Szklarska Poręba Górna (1)**.

Folgende Doppelseite: Blick auf das nördliche Vorland zu Füßen von Riesen- und Isergebirge.

Bad Flinsberg – Geierstein

Die Sępia Góra (Geierstein) über dem Queistal ist der westlichste Berg des Grzbiet Kamieniecki (Kemnitzkamm), der sich vom Hirschberger Tal bis Świeradów Zdrój (Bad Flinsberg) erstreckt. Er bietet einen wundervollen Blick über das Tal hinweg auf den Kurort mit der doppeltürmigen Kirche sowie auf den Hausberg von Świeradów Zdrój, den Stóg Izerski (Heufuder).

Talort: Świeradów Zdrój (Bad Flinsberg, 470 m), Kur- und Wintersportort im nördlichen Isergebirge.
Ausgangspunkt: Ulica Zdrojowa, Hauptstraße und Kurpromenade von Świeradów Zdrój nahe der weithin sichtbaren Kirche; ein Parkplatz befindet sich am südöstlichen Ortsrand an der Straße Leśna.
Höhenunterschied: 410 Höhenmeter.
Einkehr: Keine auf dem gesamten Kamm!
Variante: Streckenwanderung (11 km, 350 Höhenmeter im Anstieg, 3–4 Std.) über den Sępia Góra zum Rozdroże Izerskie und Rückfahrt mit dem Bus (fährt selten).

Der Kur- und Wintersportort **Świeradów Zdrój (1)** liegt im Queistal im nördlichen Isergebirge zu Füßen des 1107 Meter hohen Stóg Izerski. Er besteht aus dem Unterdorf an der Kweis und dem Oberdorf, dem heutigen Kurviertel, mit Kurstraße, Kurpark und zentralem Kurhaus mit hölzerner Wandelhalle und Terrassen. Schon im 12. Jahrhundert soll der slawische Stamm der Milcieni hier die Kraft der sprudelnden Heilquellen genutzt und das Bild eines goldenen Löwen verehrt haben. Nach einem Ortsbrand wurde 1899 das heutige Kurhaus mit der Wandelhalle errichtet und ein Jahr später der Kurpark eröffnet. Im Kurviertel führt die Grünstrich-Markierung durch die von Einkehr-

![Wanderkarte Świeradów-Zdrój mit eingezeichneter Route]

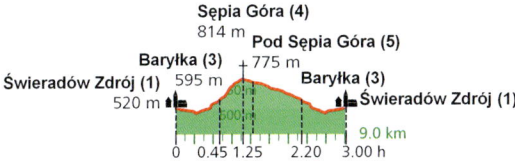

Sępia Góra (4)
814 m Pod Sępia Góra (5)
Barytka (3) 775 m
Świeradów Zdrój (1) 595 m Barytka (3)
520 m Świeradów Zdrój (1)

9.0 km
0 0.45 1.25 2.20 3.00 h

möglichkeiten gesäumte ulica Zdrojowa südostwärts und wendet sich an den Parkanlagen links hinab (Parkowa) zur neugotischen Kirche, die 1899 als Privatkirche der Familie Schaffgotsch errichtet wurde. Vor der Kirche links und die erste Straße rechts hinab zur Brücke über den **Fluss Queis (2)**. Die Grünstrich-Markierung leitet anfangs auf einem Asphaltweg, dann auf einem Bergpfad aufwärts zur Verzweigung **Barytka (3)**, wo an der gleichnamigen Felsgruppe die Blaustrich-Markierung die Routenführung übernimmt und ge-

radeaus aufwärts einem steilen, steinigen Pfad zum aussichtsreichen **Sępia Góra (4)** folgt. Von den Panoramafelsen zieht die blaue Markierung weiter ostwärts, bis an der Verzweigung **Pod Sępia Góra (5)** die Gelbstrich-Markierung links abzweigt, einem holperigen Waldweg im Nordhang abwärts folgt und an einem **Wegedreieck (6)** wieder auf die Grünstrich-Markierung trifft. Sie folgt einem Asphaltweg, auf dem keine Autos fahren, aussichtsreich durch den Nordhang der Sępia Góra und zurück zur **Barytka (3)**. Hier kann man sich entscheiden, ob man weiter dem Asphaltweg abwärts folgt oder sich wie beim Aufstieg von der Grünstrich-Markierung zurück zum Ausgangspunkt in **Świeradów Zdrój (1)** leiten lässt.

Artenreicher Waldtrauf über dem Queistal auf dem Weg zur Sępia Góra.

Bad Flinsberg – Heufuder

Das Stóg Izerski (Heufuder) ist der Panoramaberg des schlesischen Iserge-birges, die Schronisko Na Stogu Izerskim (Heufuderbaude) eine rege benutz-te Unterkunftsmöglichkeit auf dem Wanderweg von der Schneekoppe nach Deutschland. Seit 2008 besteht die Möglichkeit, in der Kabinenbahn auf den Hausberg von Świeradów Zdrój (Bad Flinsberg) zu schweben. Die Seilbahn war ursprünglich für Wintersportler gedacht, wurde jedoch auch im Sommer gut angenommen und transportiert auch Fahrräder.

Talort: Świeradów Zdrój (Bad Flinsberg, 470 m; → Tour 40).
Ausgangspunkt: Ulica Zdrojowa, Haupt-straße und Kurpromenade von Świera-dów Zdrój nahe der weithin sichtbaren Kirche; Parkplätze befinden sich an der

Talstation der Heufuder-Gondelbahn so-wie am südöstlichen Ortsrand an der Straße Leśna.
Höhenunterschied: 650 Höhenmeter.
Einkehr: Schronisko Na Stogu Izerskim, hotelähnliche Anlage in Czarniawa.

In **Świeradów Zdrój (1)** fällt der Blick hinauf zum Ziel: Auf dem die Stadt überragenden Hausberg, dem Stóg Izerski, zeigt sich die Baude Schronisko Na Stogu Izerskim. Die rote Markierung führt südostwärts durch die von Ein-kehrmöglichkeiten gesäumte ulica Zdrojowa, wendet sich am Ende bei den Parkanlagen rechts hinauf und taucht auf der **Nowa Droga Izerska (2)** in den Wald ein. Man folgt dem befestigten Wirtschaftsweg hinauf zur 1924 errichte-te **Schronisko Na Stogu Izerskim (3)** bei der Bergstation der Heufuder-Gondelbahn. Die Schronisko Na Stogu Izerskim ist ein Wahrzeichen von Świeradów Zdrój und hat viel von ihrem alten Flair bewahrt. Auf dem Wander-weg von der Schneekoppe nach Deutschland ist sie eine von vielen benutzte Unterkunftsmöglichkeit. Von der Schronisko Na Stogu Izerskim führt die Grünstrich-Markierung zum Aussichtsturm auf dem **Stóg Izerski (4)**. Die Gipfelkuppe, durch das Śnieżne Jamy (Schneeloch) vom benachbarten dop-pelgipfeligen Smrek (1123 m und 1124 m, tschechisch Smrk, deutsch Tafel-fichte) getrennt, bietet eine eindrucksvolle Aussicht auf Iser- und Riesenge-

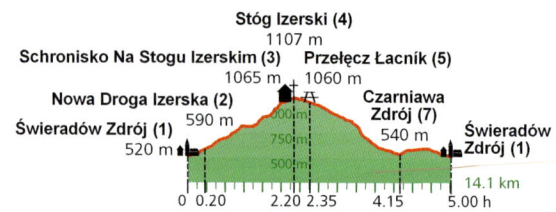

birge, auf Świeradów Zdrój im Queistal und weit in das schlesische Vorland hinein.

Vom Stóg Izerski senkt sich die grüne Markierung westwärts in den Rastplatz-Sattel **Przełęcz Łacník (5)**, wo wir scharf rechts abbiegen auf den Wirtschaftsweg im Nordhang des Stóg Izerski und am nächsten **Wegedreieck (6)** erneut auf die Grünstrich-Markierung treffen. Sie leitet links hinab ins **Černý Potok** (Schwarzbachtal), das in den unteren Lagen ein liebliches Laubwald- und Wiesental ist. Unten im Tal trifft die grüne Markierung auf die ersten Kurhäuser von **Czarniawa Zdrój (7**, Bad Schwarzbach). Die im

Die doppeltürmige neugotische Kirche (1899) von Świeradów Zdrój (Bad Flinsberg) am Fuß des Stóg Izerski (Heufuder).

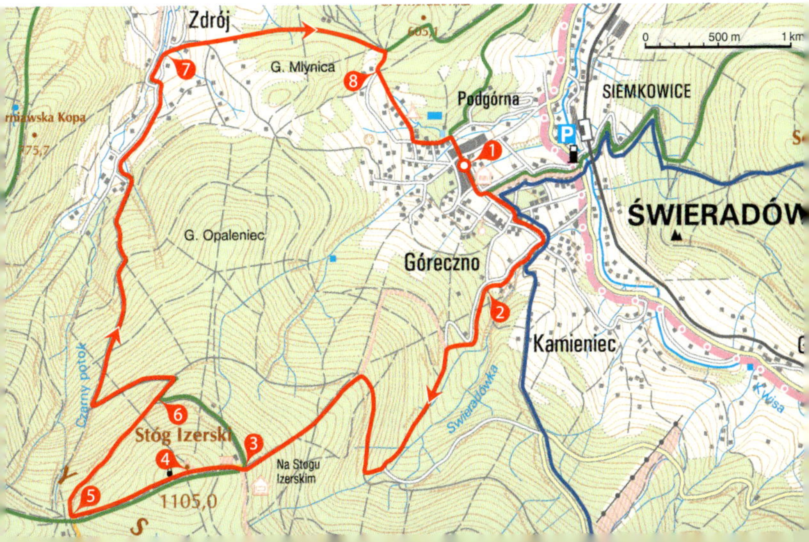

17. Jh. gegründete Siedlung wurde im 19. Jh. zum Kurort ausgebaut. An den ersten Kurhäusern zweigt die Grünstrich-Markierung rechts ab und leitet teils in Wiesen, teils im Wald an Felsen vorbei. Wenn sich der Wald an der Verzweigung **Koliba (8)** öffnet, bietet sich nahe der Gondelbahn-Talstation noch einmal ein eindrucksvoller Aufblick zum Stóg Izerski, dann ist wieder der Ausgangspunkt im Kurzentrum von **Świeradów Zdrój (1)** erreicht.

Weißbach – Tafelfichte

Der doppelkuppige Smrk (polnisch Smrek, deutsch Tafelfichte) ist die zweithöchste Erhebung des Isergebirges; seit 2003 trägt der Berg auf tschechischer Seite einen Aussichtsturm. Der deutsche Name Tafelfichte bezieht sich darauf, dass hier früher eine Tafel an einer Fichte die Grenze der Länder Schlesien, Böhmen und Lausitz bezeichnete. Heute verläuft über die Tafelfichte die tschechisch-polnische Grenze: Der tschechische Gipfel Smrk ist 1124 m hoch, der polnische Gipfel Smrek 1123 m, für Wanderer und Skiläufer besteht ein Grenzübergang. Die Wanderung zum Smrk, in dessen feuchten Hangwiesen sich die Quellbäche der Iser sammeln, zerfällt in zwei unterschiedliche Teile: Sie beginnt als naturschöne Laubwald- und Bachtalwanderung und leitet zu aussichtsreichen Felsen, weiter oben bietet sich in weitflächig entwaldetem Gelände ein Panorama, das sich in seiner Großartigkeit mit dem Blick von der Schneekoppe messen kann.

Talort: Bilý Potok pod Smrkem (Weißbach, 420 m) ist Ferien- und Wintersportort im Isergebirge im Naturschutzgebiet Jizerské hory. Das höchstgelegene Dorf im Wittigtal ist Endstation der Bahnlinie Frýdlant – Hejnice – Bilý Potok und ein Hauptausgangspunkt für Wanderungen auf den Smrk (Tafelfichte), nach der der Ort den Zusatz »pod Smrkem« (an der Tafelfichte) trägt.

Ausgangspunkt: Bushaltestelle Bilý Potok u Krakonoše (490 m) am oberen Ende des Straßendorfs Bilý Potok östlich von Hejnice; Parkmöglichkeit an der Bártlova bouda.

Höhenunterschied: 720 Höhenmeter.

Einkehr: Bártlova bouda, Hubertova bouda.

Von der Busendhaltestelle **Bilý Potok u Krakonoše (1)** geht es auf der Straße kurz zurück und nach Überqueren des Flusses Smĕda (Wittig) rechts hinauf zur **Bártlova bouda** (2, Bartlbaude), an der sich ein Parkplatz befindet. Hier übernimmt die Gelbstrich-Markierung die Routenführung und taucht in den Laubwald ein, bald begleitet vom Rauschen des Hájený potok (Hegebach) zwischen malerischen Felsformationen. Schließlich verlässt der Weg

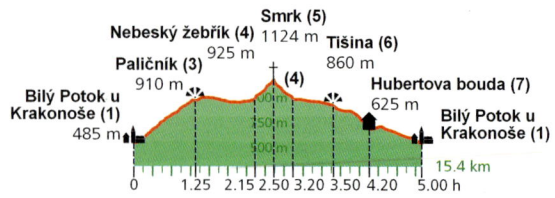

das Tal rechts hinauf und führt zum Aussichtsfelsen **Paličník (3)**, der einen wunderbaren Blick hinab bis nach Frýdlant (Friedland) sowie auf den felsendurchsetzten Hainkamm jenseits des Wittigtals bietet. Wenig später mündet die gelbe Markierung auf den blau markierten Wanderweg, und dieser führt links hinauf zum pramen Jizeri, der Quelle der Iser. Gleich darauf beginnt der steile Weg **Nebeský žebřík (4)** auf den **Smrk (5)**. In ihrem Oberlauf durchfließt die Iser eine moorige Hochfläche, die Iserwiese, und bildet fast durchgehend die pol-

Durch das laubwaldgeschmückte Hegebachtal (Mitte) erfolgt der Aufstieg zum Paličník-Felsen.

nisch-tschechische Grenze. Zwischen Kořenov (Bad Wurzelsdorf) und Harrachov (Harrachsdorf) endet dieser unbesiedelt gebliebene Bereich, die Iser tritt endgültig auf böhmisches Gebiet und durchfließt nun den malerischen Jizerský důl (Isergrund). Nach 115 km mündet sie bei der mittelböhmischen Stadt Brandýs nad Labem-Stará Boleslav (Brandeis an der Elbe-Altbunzlau) von rechts in die Elbe. Vom Smrk folgen wir der blauen Markierung kurz zurück zum unteren Ansatz des Wegs **Nebeský žebřík (4)** und zweigen rechts ab auf den rot markierten Weg in den stellenweise sehr aussichtsreichen (West-)Hang des Smrk; einer der Aussichtsfelsen am Weg ist die **Tišina (6)**. An der **Hubertova bouda (7)** beginnt der grün markierte Wanderweg, er führt links zurück zur **Bártlova bouda (2)** und nach **Bílý Potok (1)**.

Weißbach – Schwarzbachfall – Mittagsteine

Diese Wanderung ist in den unteren Lagen faszinierend naturschön und abwechslungsreich; oben hingegen begegnen dem Wanderer Waldschäden.

Talort: Bilý Potok pod Smrkem (Weißbach, 420 m; → Tour 42).
Ausgangspunkt: Bushaltestelle U Poledniku (415 m) beim gleichnamigen Hotel in Bilý Potok; Buslinie Frýdlant – Hejnice –

Bilý Potok. Parkmöglichkeit am Hotel.
Höhenunterschied: 730 Höhenmeter.
Einkehr: Saisonal Kiosk Na Knajpě.
Variante: Bei klarer Sicht lohnt der Abstecher auf die Jizera (Sieghübel; → Tour 38).

Von der Bushaltestelle in **Bilý Potok (1)** geht es auf der Durchgangsstraße kurz talwärts, bis die grüne Markierung vor der Brücke über die Smědá (Wittig) zunächst geradeaus führt und dann links abzweigt und bergwärts hält, bald im Wald. An der Verzweigung **U Liščí Chaty (2)** mündet der von Hejnice (Haindorf) heraufführende gelb markierte Wanderweg ein, gleich darauf stößt

Der Vodopad Černeho Potoka (Schwarzbachfall) ist ein schöner Ort für eine Rast.

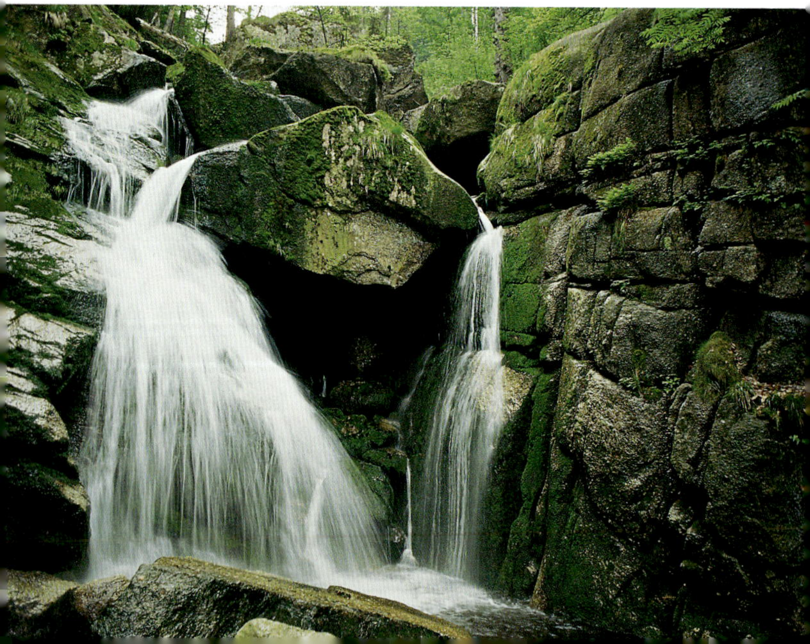

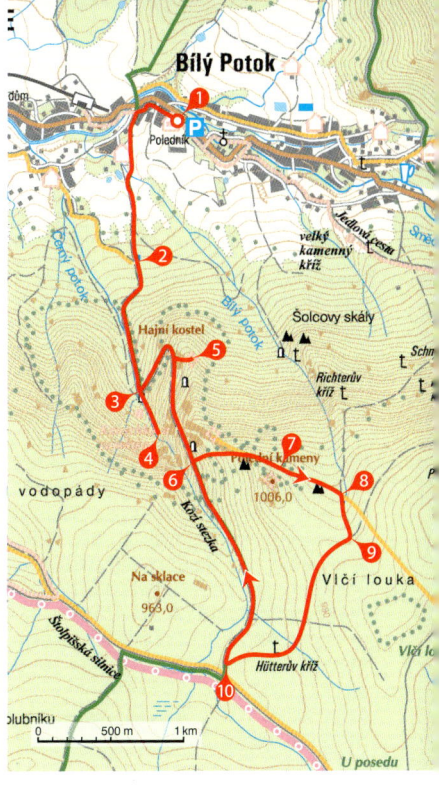

der Weg in das Laubwald- und Felsental des **Černý potok** (Schwarzbach), wo in der Linksserpentine **(3)** der Abstecher zum **Vodopád Černeho Potoka (4**, Schwarzbachfall) ausgeschildert ist. Vom Wasserfall zurück zum grün markierten Wanderweg **(3)**: Ziemlich steil führt er aufwärts, nach den ersten beiden Serpentinen ist der Abstecher zur **Hajníky kostel (5**, Heidenkirche) ausgeschildert: Ein mit Hölzern stabilisierter Pfad führt steil zu diesem Felsgebilde hinauf, der Gipfel (mit Wackelstein) ist auf Eisenleitern ersteigbar und bietet Ausblick hinab auf Hejnice und das Wittigtal. An der Verzweigung **Pod Frýdlantským cimbuřím (6)** zweigt die gelbe Markierung links in den Steilhang ab und gewinnt die aussichtsreichen **Frýdlantské cimbuří** (Friedländer Zinnen). Von den höchsten Zinnen dieser Felsmassive, den **Poledni kamený (7**, Mittagsteine), senkt sich der Weg ins Tal des Bachs **Bílý Potok (8)**, dem wir auf dem Weg Richterova Cesta aufwärts folgen. Er mündet gleich darauf in den Forstweg **Pavlova Cesta (9)**, der durch den Skelettwald rechts zurück zum Černý potok führt, wo am Wegedreieck **Nad černym potokem (10)** wieder die grüne Markierung auftaucht. Sie folgt dem Bach zurück in die Laubwaldwildnis des **Černý potok** und zum Ausgangspunkt in **Bílý Potok (1)**.

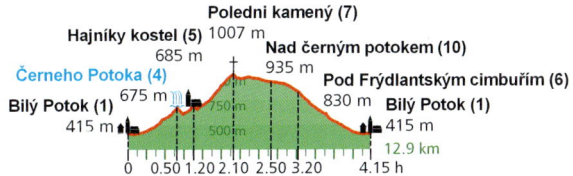

Poledni kamený (7) 1007 m
Hajníky kostel (5) 685 m
Nad černým potokem (10) 935 m
Černeho Potoka (4) 675 m
Pod Frýdlantským cimbuřím (6) 830 m
Bílý Potok (1) 415 m
Bílý Potok (1) 415 m
750 m
500 m
12.9 km
0   0.50 1.20 2.10 2.50 3.20   4.15 h

Haindorf – Nussstein – Schöne Marie

Diese im Anstieg etwas anstrengende Wanderung ist in den unteren Lagen naturschön und in den oberen Lagen sehr aussichtsreich.

Talort: Hejnice (Haindorf, 370 m) im Wittigtal ist Wallfahrts- und Ferienort im nördlichen Isergebirge im Naturschutzgebiet Jizerské hory. Für das seit 1211 verehrte gotische Madonnenbild errichtete der österreichische Stararchitekt Johann Bernhard Fischer von Erlach die doppeltürmige Barockkirche (1722–29).
Ausgangspunkt: Platz vor der Wallfahrtskirche in Hejnice (370 m), hier Parkmöglichkeit. Bus- und Bahnlinie Frýdlant – Hejnice – Bílý Potok.
Höhenunterschied: 640 Höhenmeter.
Einkehr: Lesni Restaurace.

Vor der Wallfahrtskirche in **Hejnice (1**, Haindorf) zweigt die rote Markierung Richtung Ferdinandov ab, verlässt hinter der Bachbrücke die Straße bergwärts und führt steil im Wald hinauf zum kreuzbezeichneten **Ořešník (2**, Nussstein), der einen weiten Blick auf das Wittigtal und das Isergebirgs-Vorland sowie zum Smrk (Tafelfichte) gewährt. Die rote Markierung führt weiter über den von Felsen durchbrochenen Rücken und schließlich hinab in die **Štolpich-Schlucht (3)**. Zwischen der Felswand und dem Wasserfall leitet ein geländergesicherter Steig steil aufwärts und nach Überqueren einer Holzbrücke bequem hinauf zum Wegedreieck **U Tetřevý boudy (4)** am asphaltierten

Der Ořešník-Felsen (Nussstein) oben links in den Wäldern oberhalb der Wallfahrtskirche von Hejnice (Haindorf) ist das erste Ziel dieser Wanderung.

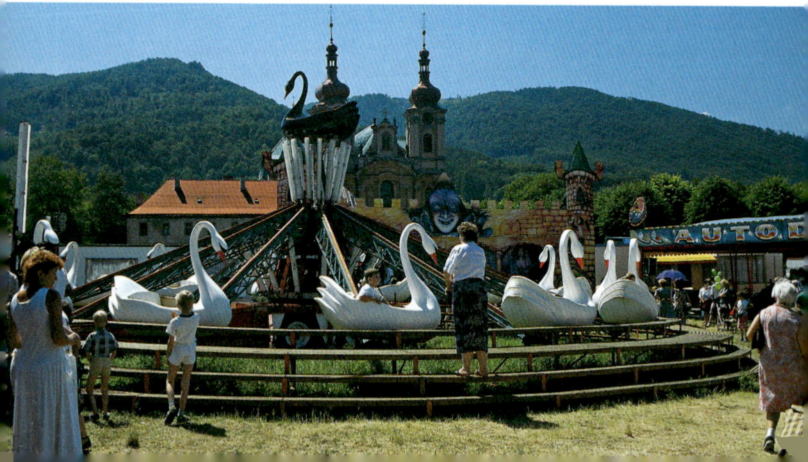

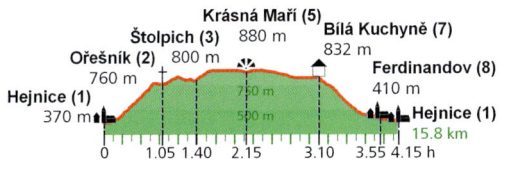

Höhenweg, an dem wenig später rechts die Aussichtsfelsen **Krásná Maří** (**5**, Schöne Marie) zur Rast laden. Weiter geht es auf dem asphaltierten Höhenweg, teils sehr aussichtsreich, vorbei an der Imbisskiosk-Wegekreuzung **Hrebinek** (**6**) bis zur Wegekreuzung **Bílá Kuchyně** (**7**, Schutzhütte). Hier zweigt ein blau markierter, recht bequemer Pfad talwärts ab. Er taucht unter Fichten, gewährt an Felsen noch einmal gute Aussicht und enteilt dann in die Laubwälder im Tal des **Malý Štolpich** (Malý Sloupský potok). Dieser Abstieg ist eher ruhig und gemütlich in einem Tal, das unterhalb eines ausgeschilderten Wasserfalls recht romantisch wird: prachtvolle Laubwälder, in denen seltsame Felsen stehen, während weiter unten der Bach rauscht. In einem Felsen links vom Weg öffnet sich eine Höhle. Schließlich wechselt die blaue Markierung auf einen Wirtschaftsweg, quert auf diesem den Bach und erreicht wenige Schritte später die ersten Häuser von **Ferdinandov** (**8**, Ferdinandsthal). Die aussichtsreiche Dorfstraße führt zurück zur Kirche in **Hejnice (1)**.

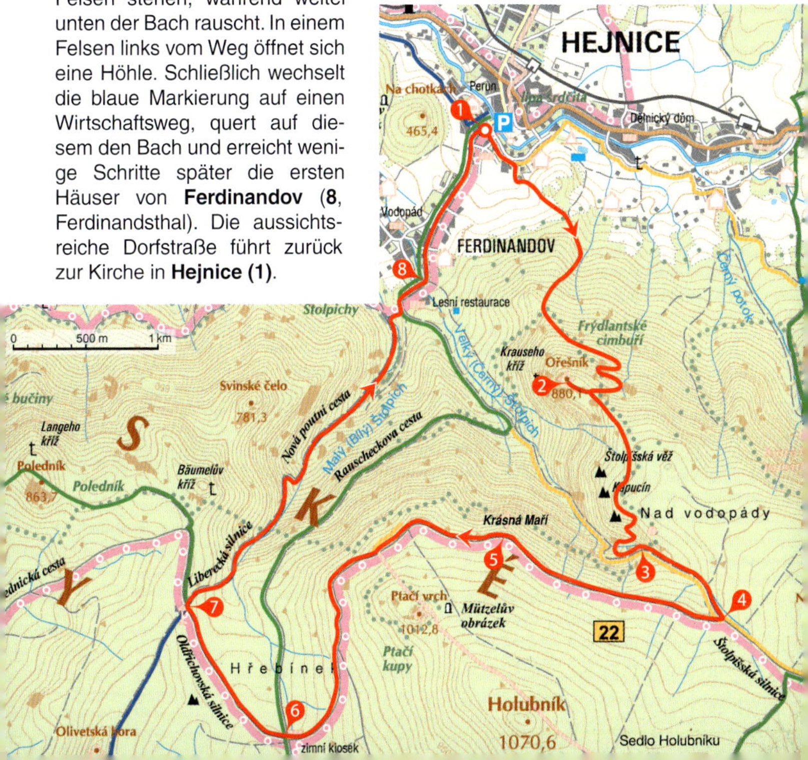

Haindorf – Stolpichfälle – Mittagsberg

Diese Wanderung erschließt nahezu die gesamte landschaftliche Vielfalt des Isergebirges. Der Aufstieg durch die wilde Schlucht des Štolpich ist ziemlich steil, danach ist die Wanderung jedoch meist spaziergangartig bequem.

Talort: Hejnice (Haindorf, 370 m; → Tour 42).
Ausgangspunkt: Platz vor der Wall-fahrtskirche in Hejnice (370 m; → Tour 42).
Höhenunterschied: 680 Höhenmeter.
Einkehr: Lesni Restaurace.

Vor der Wallfahrtskirche in **Hejnice (1)** zweigt die grüne Markierung nach **Ferdinandov (2)** ab, folgt recht aussichtsreich der Dorfstraße aufwärts, überquert den Bergbach Sloupský Potok (Černý Štolpich) und wechselt am Wegedreieck **Nad Ferdinandovem (3)** links in das Bachtal. Links fällt der Blick hinauf zum Felsmassiv **Ořešník** (Nussstein) hoch über Hejnice, dann blitzen in den Laubwäldern der Schlucht die ersten Kaskaden im Bach. Für den anstrengenden Aufstieg entschädigen Dutzende reizvoller Kaskaden sowie faszinierende Felsgestalten. Bald windet sich der nunmehr gesicherte Steig steil zwischen einer Felswand und einem Wasserfall aufwärts. Oben überquert eine Holzbrücke den Bach, dann wird die Wanderung ab der Wasserfall-Verzweigung **Velký Štolpich Vodopád (4)** schlagartig bequem. Der Wanderweg leitet aufwärts zum Wegedreieck **U Tetřevy boudy (5)**, wo der rot markierte Höhenasphaltweg rechts zum Aussichtsfelsen **Krásná Maří (6**, Schöne Marie) führt. Weiter geht es passagenweise sehr aussichtsreich auf dem asphaltierten Höhenweg zur Imbisskiosk-Wegekreuzung **Hřebinek (7)** und zur **Bílá Kuchyně (8**, Schutzhütte). Wenn sich der Asphaltweg wenig später hinabsenken will, zweigt die grüne Markierung rechts auf einen nicht asphaltierten Weg ab, wendet sich sofort wieder links und leitet nun zum **Poledník (9**, Mittagsberg) mit seinen Buchenhochwäldern und Felsen hinauf. Die felsenbedeckte Stelle mit Blick zum Ještěd (Jeschken) kurz vor Erreichen des Poledník ist ein guter Rastplatz, während der Poledník selbst keine Aussicht gewährt, zumindest vom

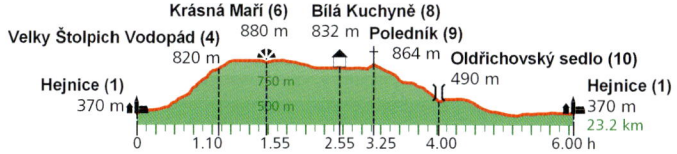

Krásná Mař (6) 880 m
Bílá Kuchyně (8) 832 m
Velký Štolpich Vodopád (4) 820 m
Poledník (9) 864 m
Oldřichovský sedlo (10) 490 m
Hejnice (1) 370 m
Hejnice (1) 370 m
750 m
500 m
23.2 km

0   1.10   1.55   2.55 3.25   4.00   6.00 h

markierten Wanderpfad aus nicht. Vom Poledník führt die grüne Markierung hinab zum Sattel **Oldřichovský sedlo (10)** an der Straße Mníšek – Raspenava. Hier übernimmt die blaue Markierung die Routenführung und leitet auf dem alten Wallfahrtsweg nach **Hejnice (1)** zurück.

Friedland – Spitzberg

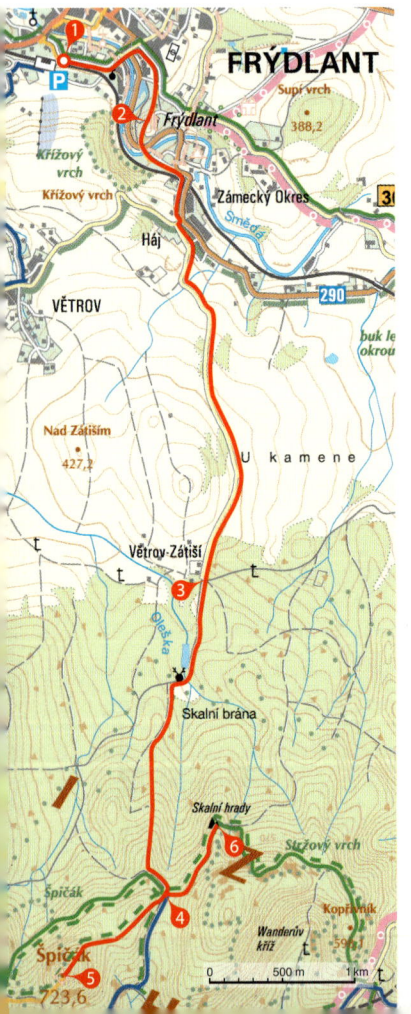

Diese abwechslungsreiche Wanderung verbindet den Besuch des Wallenstein-Schlosses mit einem aussichtsreichen Feld- und Wiesenspaziergang und der faszinierenden Pirsch durch die äußerst schönen und unter Naturschutz stehenden Felsgebiete Špičák und Stržový vrch.

Talort: Frýdlant v Čechách (Friedland in Böhmen, 308 m), historische Wallenstein-Stadt (Burgmuseum) im Wittigtal im Isergebirge am Nordwestrand des Naturschutzgebiets Jizerské hory.
Ausgangspunkt: Bahnhof Frýdlant (320 m).
Höhenunterschied: 560 Höhenmeter.
Einkehr: Wallenstein-Schloss.

Vom Bahnhof **Frýdlant v Čechách (1)** leitet die gelbe Markierung auf der Straßenbrücke über den Fluss Smědá (Wittig) und erklimmt den Basaltkegel mit dem **Wallenstein-Schloss Zamek (2)**. Man überquert die Smědá auf einer Fußgängerbrücke und wechselt schließlich rechts auf einen von alten Pappeln gesäumten, asphaltierten Feldweg, der mit weiter Aussicht zur Verzweigung **Nichtovy domky (3)** bei einem einsamen Haus leitet. Dort endet der Asphaltbelag; die gelbe Markierung folgt einer Eichenallee zu einem Teich (Rastmöglichkeit) und zweigt links auf einen Waldweg ab, der rasch aufwärts zieht. Bald begleitet ihn das Rauschen eines Berg-

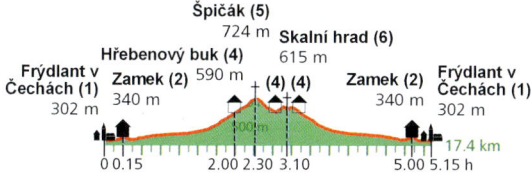

Špičák (5)
724 m   Skalní hrad (6)
Hřebenový buk (4)   615 m
Frýdlant v   Zamek (2) 590 m   (4) (4)   Zamek (2)   Frýdlant v
Čechách (1)   340 m   340 m   Čechách (1)
302 m   302 m

300 m   17.4 km
0 0.15   2.00 2.30 3.10   5.00 5.15 h

bachs, ehe am Sattel **Hřebenový buk (4)** Schutzhütte und Wiese zur Rast einladen. Hier zweigt »gelb« westwärts auf einen Fels- und Wurzelpfad ab, der an fantastischen, wollsackverwitterten Felsformationen vorbei im Wald aufwärts strebt und passagenweise kettengesichert zum **Oldřichovský Špičák** (**5**, Buschullersdorfer Spitzberg) hinaufführt. Den Felsgipfel umstehen Ebereschen, sodass die Aussicht eher gering ist, aber das tut der Schönheit dieses Gebiets keinen Abbruch.

Zurück zum Sattel **Hřebenový (4)**: Der grün markierte Exkursionspfad mit Richtungsangabe »Lysé skalý« führt ostwärts durch das Naturschutzgebiet **Stržový vrch** (Schluchtberg) mit teilweise urwaldartigem Buchenhochwald. Ein großartiger Rast- und Aussichtsfelsen ist der **Skalní hrad** (**6**, Burgfelsen), ersteigbar auf in den Fels gehauenen Stufen. Erneut zurück zum Sattel **Hřebenový (4)** und auf dem demselben Weg wie beim Aufstieg zurück zum Ausgangspunkt in **Frýdlant (1)**.

Felsdurchschlupf am Špičák.

Einsiedel – Voigtsbach – Drachenberg

Diese bequeme Wanderung führt zum sagenumwobenen Dračí vrch (Drachenberg), einem wegen seiner alten Laubwälder unter Naturschutz gestellten Berg am Südwestrand des Isergebirges; auf dem Rückweg lädt die Talsperre Fojtka (Voigtsbach) zum Baden ein.

Talort: Mníšek u Liberce (Einsiedel im Isergebirge, 390 m), Kirchdorf am Westrand des Naturschutzgebiets Isergebirge.

Ausgangspunkt: Mníšek u Liberce, Bahnhof an der Linie Liberec – Frýdlant v Čechách.
Höhenunterschied: 390 Höhenmeter.

Vom Bahnhof **Mníšek u Liberce (1)** führt die Gelbstrich-Markierung ortseinwärts und wechselt auf die Straße Fojtecká, die das Dorf südostwärts verlässt. Nach Queren der Gleise zweigt der Gelbstrich von der Straße geradeaus auf den von Ahornen gesäumten Weg **Na Skrivanech (2)** ab, der in aussichtsreiche Feld- und Wiesenflur tritt. Hier ist der Dračí vrch gut in Sicht: der Laubwaldrücken rechts jenseits des Bachtals, in dem das Dorf Fojtka liegt.
Von den Feldern und Wiesen führt die gelbe Markierung zur Verzweigung **Fojtka (3)** am Westrand des gleichnamigen Dorfs hinab, wo an einem Bauernhof die grüne Markierung die Routenführung übernimmt. Nach Queren der Durchgangsstraße geht es links zu einem Hof hinauf und dann durch Laubwälder zur Verzweigung **Odbočká na Dračí vrch (4)**, wo die grüne Drei-

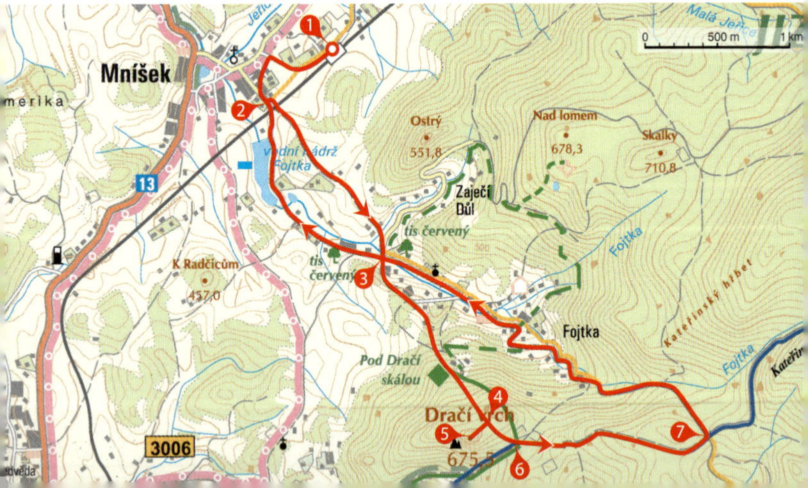

Die 1904–06 errichtete Talsperre Fojtka staut den gleichnamigen Bach im Quellgebiet der Lausitzer Neiße zum Zweck des Hochwasserschutzes; im Sommer ist sie ein viel besuchtes Badeparadies.

ecks-Markierung auf den aussichtsreichen Felsgipfel des **Dračí vrch (5)** weiterleitet.

Zurück zur Verzweigung **Odbočká na Dračí vrch (4)** und geradeaus mit der Grünstrich-Markierung, bis an der Verzweigung **Pod Dračím vrchem (6)** die blaue Markierung die Routenführung übernimmt und ostwärts zur Wegekreuzung **Pod Javorovým vrchem (7)** führt. Hier kreuzt die bekannte gelbe Markierung und führt links durch das Kirchdorf Fojtka zurück zur Verzweigung **Fojtka (3)** am Westrand des Dorfs. Je nach Wetter und Verkehrsaufkommen entscheidet man hier, ob man der gelben Markierung wie beim Hinweg autofrei zum Ausgangspunkt zurückfolgt oder auf der schmalen Straße geradeaus wandert. Links erstreckt sich das 102 ha große Gelände des vom englischen Landschaftsgestalter Keith Preston entworfenen Ypsilon Golf Resort Liberec, und kurz hinter dem Ortsausgangsschild lädt die Talsperre Fojtka zum Schwimmen und zur Rast unter Laubbäumen ein. Danach geht es auf dem Sträßchen unter alten Eschen weiter und zurück zum Ausgangspunkt im Kirchdorf **Mníšek (1)**.

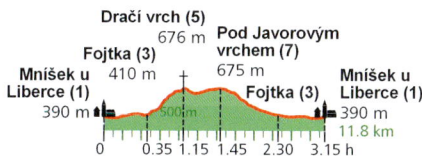

Friedrichswald – Neuwiese – Taubenhaus

Diese aussichtsreiche Rundwanderung folgt zum Teil der bequemen, meist asphaltierten Jizera Magistrala (Iser-Magistrale), die auch bei Skiwanderern und Mountainbikern beliebt ist, sowie einem Pfad zu den Aussichtsfelsen des Holubník (Taubenhaus), einem Charaktergipfel des Isergebirges.

Talort: Bedřichov u Jablonce nad Nisou (Friedrichswald, 730 m), Gemeinde an der oberen Neiße, Ski- und Mountainbike-Zentrum des Isergebirges. Alljährlich im Januar startet hier der Isergebirgslauf (50 km).

Ausgangspunkt: Parkplatz (730 m) an der Durchgangsstraße beim Skistadion in Bedřichov und dem Gasthaus Lesní chata.
Höhenunterschied: 400 Höhenmeter.
Einkehr: Bedřichov, Šámalova chata an der Nová louka, Kiosk Hřebínek.

Vom Parkplatz im Neißetal in **Bedřichov (1)** führt die Gelbstrich-Markierung im östlichen Talhang flussaufwärts am Skistadion Bedřichov stadion vorbei und taucht nach erstmaligem Queren der Neiße in den Wald ein. Die Markierung überquert den in der Umgebung entspringenden Bach erneut und führt an den Rand der **Nová louka (2)**; die namengebende Feuchtwiese steht unter Naturschutz.

Von der Neuwiese leitet die grüne Markierung weiter nordwärts zur Wegekreuzung **Hřebínek (3)**, dort geht es mit einer gelben Markierung teils sehr aussichtsreich rechts hinauf. Am Wegedreieck **Pod Ptačími Kupami (4)** übernimmt eine rote Markierung die Routenführung und führt über die aussichtsreichen **Ptačí Kupy (5**, Vogelkuppen) zum ebenso aussichtsreichen **Holubník (6**, Taubenhaus).

Vom Holubník senkt sich der Rotstrich-Pfad aussichtsreich in geschädigtem Wald südostwärts und winkelt an der Schutzhütte im Sattel **Sedlo Holubniku (7)** südwärts ab zum aufgegebenen Glashüttenort **Kristiánov (8)**. Von dort führt die Blaustrich-Markierung zur **Nová louka (2)** zurück; der weitere Rückweg nach **Bedřichov (1)** ist identisch mit dem Hinweg.

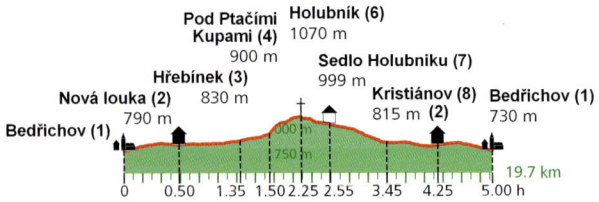

Reichenberg – Liebigwarte – Rudolfsthal

Vom Zoo und Botanischen Garten in Liberec (Reichenberg) führt diese Laubwaldwanderung zum Aussichtsturm Liberecká vyšina, der eine hervorragende Rundschau über die Stadt hinweg zum Ještěd (Jeschken), das Neißetal abwärts und auf das Isergebirge bietet.

Talort: Liberec (Reichenberg, 340 m), die größte Stadt Nordböhmens, liegt zwischen Isergebirge und Ještěd (Jeschken) in der Euroregion Neiße.
Ausgangspunkt: Straßenbahnhaltestelle Lidové sady (380 m) in Liberec am nordöstlichen Stadtrand beim Zoo. Endstation der Straßenbahnlinien 1, 2 und 3.
Höhenunterschied: 310 Höhenmeter.
Einkehr: Liberecká vyšina, Restaurants in Rudolfov.

Die Wanderung beginnt an der Straßenbahnhaltestelle **Lidové sady (1)** am bergseitigen Ende des Zoos von Liberec, an den der Botanische Garten (Botanická zahrada) anschließt. Von der Straßenbahnhaltestelle leitet die Gelbstrich-Markierung auf einem Asphaltweg in den Wald hinauf und wechselt bald rechts auf einen Waldweg, der steil bergan steigt. Am Sattel Pod libereckou vyšinou zweigt der gelb markierte Wanderweg erneut rechts ab und leitet zum Hotel **Liberecká výšina (2)** hinauf. Das 1901 im Auftrag des Textilfabrikanten Heinrich Liebig errichtete Gebäude ist einer mittelalterlichen Burg nachempfunden. Der Gipfel ist bewaldet, sodass die Rundschau nur auf dem burgturmähnlichen Aussichtsturm genossen werden kann. Wie aus der Vogelperspektive schweift der Blick auf Liberec. Die deutschen Namen lauteten Liebigwarte, Heinrichswarte und Hohenhabsburg; nach der Vertreibung der deutschen Bevölkerung wurde auch der Aussichtsturm verschlossen. Renoviert und wieder begehbar gemacht wurde er in den 1990er-Jahren: 155 Stufen führen zur Spitze.

Von der Gaststätte folgt die gelbe Markierung wenige Meter der nichtöffentlichen Zufahrt und zweigt links auf einen Pfad ab, der am »Amboss-Felsen« **Kovadlinka** (ersteigbar auf einer

Eisenleiter) vorbei zur Wegekreuzung an der Wachbuche **Stražní buk (3)** hinabführt. Hier übernimmt die rote Markierung die Routenführung und leitet im bewaldeten Südhang

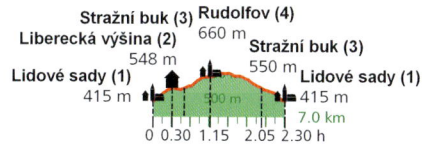

des felsengekrönten **Žulový vrch** (Granitberg) in das Isergebirgsdorf **Rudolfov** (**4**, Rudolfsthal). Rudolfov ist ein Stadtteil von Liberec, doch obwohl es nur wenige Kilometer vom Stadtkern entfernt liegt, empfängt einen hier die Atmosphäre eines Gebirgsdorfs. Die rote Markierung tritt oberhalb einer Straßenkreuzung mit zwei Restaurants aus dem Wald. Nach der Einkehr kehren wir zurück zum Waldsaum und folgen der grünen Markierung, die im Nordhang des Žulovy vrch zurückführt zur Wegekreuzung **Stražní buk (3)**. Von dort leitet die rote Markierung zurück zum Ausgangspunkt am Denkmalobjekt **Lidové sady (1)**, dem ältesten Zoo Tschechiens und dem Botanischen Garten in Liberec.

Feen oder Engel sollen die eigenartigen Spuren in diesem Felsen am Wegrand beim Aufstieg zur Liberecká vyšina (Heinrich-Liebig-Warte) hinterlassen haben.

Auerhahnsattel – Jeschken

Der pyramidal zugespitzte Ještěd (Jeschken) mit seinen enormen Felsge-stalten bietet eine wundervolle Rundschau auf Iser- und Riesengebirge und das Tal der Lausitzer Neiße, auf das Lausitzer Gebirge sowie weit nach Böhmen hinein.

Talort: Liberec (Reichenberg, → Tour 49).
Ausgangspunkt: Výpřež (770 m), Park-platz und Bushaltestelle auf dem gleich-namigen Pass im Westen von Liberec an der Straße Liberec – Křižany.
Höhenunterschied: 390 Höhenmeter.
Einkehr: Ještěd.

Der **Výpřež (1)** auf dem westlichen Gehänge des Ještěd ist auch unter dem Namen Tetřeví sedlo (Auerhahnsattel) bekannt; hier beginnt auf der Passhö-he der Straße Liberec – Křižany die für den öffentlichen Verkehr gesperrte Straße zum Gipfelhotel. Anstatt direkt auf den Gipfel zu laufen, wollen wir erst einmal Aussichtsfelsen in den Hängen erkunden und folgen der Gelbstrich-Markierung südwärts, bald westwärts schwingend in den Wald hinauf. An der Verzweigung kurz nach Überqueren des **Ještědský potok (2**, Jeschken-bach) verlassen wir vorübergehend den Gelbstrich-Wanderweg und steigen links hinauf zum ausgeschilderten Felsmassiv **Kamenná vrata (3)**, auf dem sich der Blick fast endlos west-wärts öffnet. Von den wollsack-verwitterten Felsen, die auch zum Klettern aufgesucht wer-den, geht es südwärts weiter. Der Bergpfad vereinigt sich we-nig später wieder mit dem Gelbstrich-Wanderweg und zieht im Wald weiter südwärts zum nächsten Panorama-Fels-massiv **Červený kámen (4)**. Von den Felsen folgt der Gelbstrich dem Weg weiter süd-wärts, mündet am Ende einer Wiesenlichtung in den Asphalt-weg **Dělaná cesta (5)** und folgt diesem links. Man kann abkür-zen zum Gipfel, doch wir folgen dem Gelbstrich auf dem nahezu

Der von einem Funkturmhotel überhöhte Ještěd (Jeschken) ist der Hausberg von Liberec.

eben im Hang verlaufenden Wirtschaftsweg weiter im Wechsel aus Wald und Aussichtsstellen, bis am Rastplatz **Nad Plánémi (6)** die Rotstrich-Markierung zum Gipfel abzweigt und nach kurzem, steilem Aufstieg das Panoramahotel auf dem **Ještěd (7)** erreicht. Wie eine Landkarte entrollt sich zu Füßen des Bergs die landschaftliche Vielfalt Nordböhmens, während sich jenseits des Lausitzer-Neiße-Tals die Kuppen des Isergebirges runden und im Osten die Gipfel des Riesengebirges stehen.

Vom Gipfel führt die Rotstrich-Markierung durch den Nordhang (bald auf einem bequemen Weg), mündet schließlich in die Gipfelhotel-Zufahrt und folgt ihr zurück zum **Výpřež (1)**.

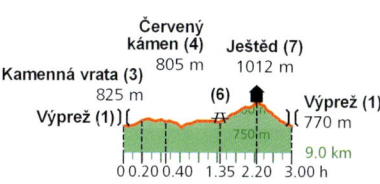

Stichwortverzeichnis

Umschlagbild:
Die Sausteine am Freundschaftsweg. Zwischen den Steinen zeigt sich
im Hintergrund die Kesselkoppe auf dem Böhmischen Kamm.

Bild im Innentitel:
Der Domplatz in der Teplicer Felsenstadt.

Sämtliche 58 Fotos von Bernhard Pollmann.

Kartografie:
50 Wanderkärtchen im Maßstab 1:50.000 und 1:100.000
© Freytag & Berndt, Prag,
zwei Übersichtskarten im Maßstab 1:400.000 und 1:800.000
© Freytag & Berndt, Wien.

6., aktualisierte Auflage 2017
© Bergverlag Rother GmbH, München

ISBN 978-3-7633-4222-8

Wir freuen uns über jeden Korrekturhinweis zu diesem Wanderführer!
Bitte per E-Mail an: leserzuschrift@rother.de

BERGVERLAG ROTHER · München
D-82041 Oberhaching · Keltenring 17 · Tel. +49 89 608669-0 · www.rother.de

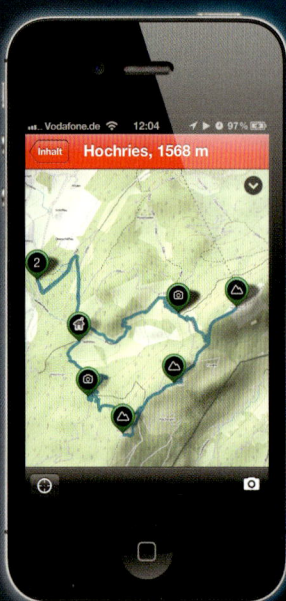